# Das 1 × 1 des Kochens
# Unsere Kochschule

## DIE KOCHPROFIS
### EINSATZ AM HERD

Tre Torri

RTL II

# Unsere Kochschule
## Das 1 × 1 des Kochens

| | |
|---|---|
| **Vorwort** | 5 |
| **Die Kochprofis** | 6 |
| **Küchenutensilien** | 10 |
| **Basics** | 12 |
| **Vorneweg** | 44 |
| **Dazu** | 64 |
| **Mittendrin** | 92 |
| **Danach** | 130 |
| **Saisonkalender** | 154 |
| **Rezeptregister** | 156 |

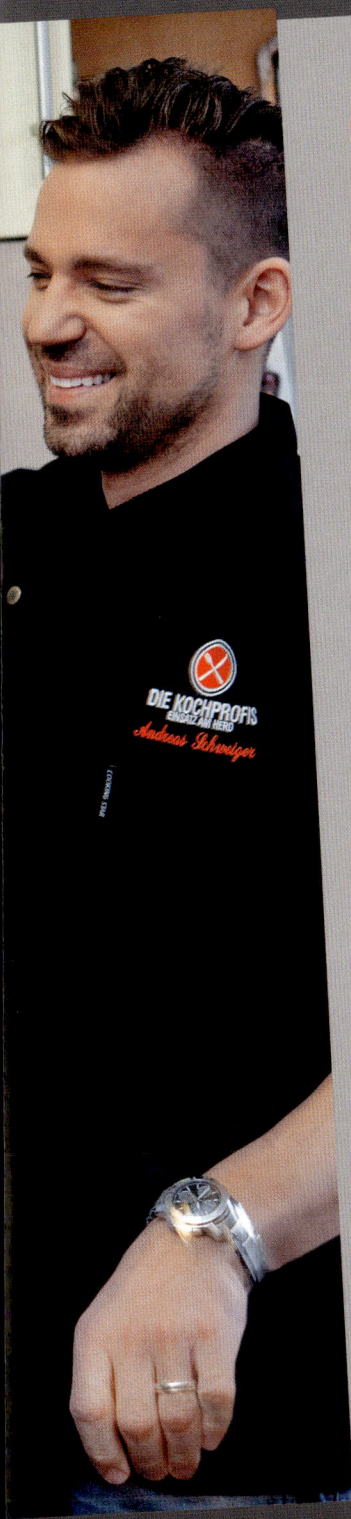

# Vorwort

Immer nur TK-Pizza, Take-away oder Fast Food? Kommt nicht in Frage! Ich kann nicht kochen? Auch diese Ausrede gilt ab sofort nicht mehr! Denn Frank Oehler, Ole Plogstedt, Andreas Schweiger und Mike Süsser, die jeden Donnerstag bei RTL II als „Die Kochprofis" Restaurants vor kulinarischen Katastrophen retten, treten jetzt an, heimische Herde zu erobern. Mit ihrer Kochkompetenz räumen die Spitzenköche in Krisengebieten gründlich auf, nicht nur in der TV-Show, die 2013 ihr achtjähriges Jubiläum feiert. Die Kochprofi-Mission: den Spaß am Kochen wecken. Das gelingt jetzt auch zuhause. Und nicht nur bei denen, die sonst das Wasser auf dem Herd anbrennen lassen. Selbst bereits erfahreneren Hobbyköchen helfen die Tipps und Kniffe, die die fantastischen Vier so drauf haben. Statt Tütensuppen und Dosenfutter steht jetzt frisch Zubereitetes auf dem Plan. Aus lahmen Gerichten werden dank der Kochprofi-Tipps aromenstarke Speisen. Klasse Grundrezepte, die überraschend abgewandelt werden. Einfach durch ein gewisses Etwas oder die perfekte Kombination von Lebensmitteln.

Hart und herzlich, frei Schnauze und mit oft lebensverändernder Hilfestellung sind die Spitzenköche das Rettungskommando für verzweifelte Küchenchefs, deren Restaurants sie in der Sendung bei maximaler Unterhaltung mit Power und Leidenschaft auf Vordermann bringen. Das wollen sie mit ihrer „Kochschule" auch bei den Zuschauern zuhause erreichen. Die Frage „Was koche ich bloß heute?" beantworten sie quasi nebenbei. Jeder kann kochen – davon sind die Vier überzeugt. Die über 200 Rezeptvorschläge animieren, mal etwas auszuprobieren in den heimischen Küchen. Sie sollen Lust darauf machen, mal was Schönes anzurichten, Familie und Freunde mit Köstlichem zu überraschen.

„Einsatz am Herd" macht einfach jedem Spaß, auch und besonders zuhause! Also an die Töpfe, fertig, los!

„**Koch zu sein ist einer der schönsten, aber auch härtesten Berufe, die es gibt!** Früher hab ich gerne bei meiner Mutter in der Küche gesessen und zugeguckt – das ist auch eine meiner schönsten Kindheitserinnerungen. Während meiner Lehre dachte ich, ich werde nie so schnell schneiden können wie die anderen und habe dann geübt wie ein Verrückter. Übung macht eben echt den Meister: Nach 3 Monaten war ich so schnell wie die anderen. Es war nur eine Kleinigkeit, hat mir aber gezeigt, wichtig ist sich richtig reinzuhängen. Damit ein Gericht perfekt gelingt, muss man Liebe mitbringen! Das hört sich abgedroschen an, aber es ist so. Liebe zum Detail, Liebe bei der Auswahl der Zutaten und Liebe beim Kochen an sich. Dann kann eigentlich nichts schiefgehen."

## Andreas Schweiger

„**Von großer Kochleidenschaft kann man bei mir anfangs nicht sprechen – ich wollte Kapitän werden und musste dafür eine Matrosenausbildung beginnen.** An Bord wurde ich letztendlich immer dem Koch zugeteilt, weil mir erstens das technische Verständnis für Maschinen fehlte und zweitens ich immer mehr Spaß an der Arbeit in der Küche hatte. So fing alles an…! Dadurch, dass viele nicht kochen können, greifen sie meist zum Tütengericht, weil sie meinen, das gelingt immer. Das muss aber echt nicht sein! Die Leute brauchen nur eine gute Anleitung zum Kochen und nicht mal viel Geld dafür. Grundsätzlich sowieso aufpassen bei ‚Industriefutter', und wenn's zuhause doch mal sein muss, bitte nur nach dem Motto ‚Pimp dein Fertigprodukt frisch!' Denn nur wer frisch isst, kann frisch denken und handeln!"

## Mike Süsser

# Frank Oehler

„**Egal ob professioneller oder Hobby-Koch, Kreativität, Hingabe und Liebe sind Pflicht! Faulheit, Respektlosigkeit und Schlampigkeit gehen gar nicht!** Am Anfang meiner Lehre hatte ich nichts so richtig drauf. Ich brillierte durch Unaufmerksamkeit: Vieles ist runtergefallen, verbrannt, verkocht oder versalzen. Ich hatte nichts ausgelassen, kaputte Finger inklusive, was auch nur irgendwie schief gehen konnte. Erst am Ende wurde das Kochen so langsam spannend. Die Küche zuhause sollte energiereich, vital und ausgewogen sein, finde ich. Was man isst, das ist man! Und es geht um die Wertschätzung unserer Nahrung, um bewusstes Genießen. Ein kleines Budget für Lebensmittel heißt nicht Verzicht, es bedeutet gezielter zu ‚investieren', die eigene Intelligenz fördern und walten lassen, insbesondere darüber nachdenken, was man kauft. Und lieber nicht in Massen, sondern in Maßen."

# Ole Plogstedt

„**Es gibt für mich nur eine Voraussetzung, um die Küche zu rocken: Bock drauf haben!** Und Frische ist wichtig! Ich finde es zwar okay, wenn jemand zu Hause auch mal Tiefkühlgemüse verarbeitet, in dem in der Regel sogar mehr Vitamine enthalten sind als in frischem, wenn es nicht direkt nach dem Ernten verzehrt wird, aber mit frischer Ware macht Kochen deutlich mehr Spaß. Und es schmeckt besser! Selbst Kochen hat den unschlagbaren Vorteil, dass man buchstäblich in der Hand hat, was man seinem Körper und Geist antut, also genau weiß was drin ist. Das ist bei Fertiggerichten nicht so. Sie sparen vielleicht Zeit, aber machen ganz sicher nicht glücklich. Für gute Produkte gebe ich gerne etwas mehr Geld aus. Das fängt beim Salz schon an. Bei mir muss es ein Meer- oder Steinsalz sein, mit allen seinen natürlichen Mineralien. Dafür esse ich nicht jeden Tag Fleisch. Und wenn, dann ein Gutes, was auch seinen Preis hat."

# Kochschule & Rezepte

„Bei gutem Essen möchte man am liebsten platzen, bei schlechtem Essen am liebsten hungern."

Chinesisches Sprichwort

## Bretter

Zum Schnibbeln und Hacken unabdingbar, wer seine Arbeitsplatte schonen will. Plastik ist praktisch, geht auch in die Spülmaschine. Holz ist schön, muss aber nach dem Gebrauch feste geschrubbt werden.

## Töpfe & Pfannen

Must-have in jeder Küche: Töpfe in mehreren Größen und mindestens eine gute, ofenfeste Pfanne.

## Messbecher & Waage

Wer nicht waagt, gewinnt nicht, sondern hat ein Mengenproblem! Dabei hilft ein Messbecher ungemein. Wer's präziser mag, kauft sich eine digitale Küchenwaage.

## Messer

Lieber fünf gescheite als ein Dutzend billiger Messer mit einer miserablen Klinge! Übrigens: Messer freuen sich hin und wieder über einen neuen Schliff mit einem Messerschleifer.

## Kochlöffel

Nur nichts anbrennen lassen: Mit seinem langen Stiel ist der Kochlöffel praktisch zum Umrühren, Wenden und Abschmecken.

### Stabmixer

Wer weder Mixer noch Küchenmaschine mit Aufsatz besitzt, sollte so ein Exemplar in seiner Sammlung haben. Für coole Shakes und cremige Suppen!

### Handrührgerät & Küchenmaschine

Ein zuverlässiges Handrührgerät mit Rührbesen und Knethaken ist Gold wert zum Rühren von Teig und Cremes oder zum Schlagen von Sahne oder Eiweiß. Back- und Dessertfans sollten sich überlegen, eine Küchenmaschine anzuschaffen. Die hilft übrigens auch beim Raspeln von Gemüse!

# Bevor es richtig losgeht… Küchenutensilien

### Schürze, Handtücher & Co.

Klingt ziemlich spießig, hat aber Sinn: Wer sauber arbeiten möchte, braucht Schürze und Küchenhandtücher. Vor schmerzhaften Verbrennungen schützen Topflappen oder –handschuhe.

### Schneebesen

Immer darauf achten, dass Schneebesen einen guten Griff haben und angenehm in der Hand liegen. Rühren kann sonst verdammt anstrengend werden!

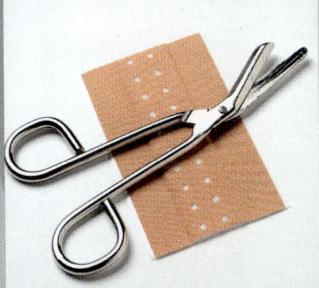

### Pflaster, Gefrierbeutel & Co.

Außer griffbereitem Pflaster bei leichten Schnittwunden, sollten auch noch Backpapier, Gefrierbeutel, Alu- und Frischhaltefolie in jeder Küche vorhanden sein.

„Ich greife lieber zu Honig, statt zu Zucker."

# Basics

**Brühen & Saucen**

**Dressings**

**Pestos & Dips**

**Grundteige**

# Gemüsebrühe

**Für ca. 1,5 l Brühe**

2 Zwiebeln
1 Stange Lauch
1 Fenchelknolle
100 g Staudensellerie
4 Möhren
200 g Champignons
6 Stängel Petersilie
3 Knoblauchzehen
3 EL Sonnenblumenöl
4 Gewürznelken
2 Lorbeerblätter
Salz
1 TL weiße Pfefferkörner
2 l Wasser
Pfeffer

1. Das Gemüse entsprechend zurechtlegen.

2. Zwiebeln schälen. Lauch, Fenchel und Staudensellerie putzen und waschen. Möhren putzen und schälen. Champignons mit einem Pinsel oder Küchenpapier säubern. Das gesamte Gemüse in grobe Stücke schneiden. Petersilie waschen und trocken schütteln. Knoblauchzehen schälen und mit einem Messer andrücken.

3. In einem großen Topf das Sonnenblumenöl erhitzen. Zwiebeln darin glasig andünsten. Gemüse und Knoblauchzehen zugeben und ca. 5 Min. mitdünsten.

4. Nelken in die Lorbeerblätter spicken und mit der Petersilie, 2 EL Salz und den Pfefferkörnern zugeben. Wasser zugießen und alles aufkochen. Ca. 30 Min. bei mittlerer Temperatur köcheln lasssen.

5. Die Brühe durch ein Passier- oder Haarsieb in einen weiteren Topf umgießen, mit Salz und Pfeffer abschmecken.

6. Bis zur weiteren Verwendung aufbewahren. Im Kühlschrank hält sie sich bis zu 3 Tage oder einfach auf Vorrat einfrieren.

### Kochprofi-Tipp
*Gemüsebrühe kann vielseitig eingesetzt werden, z. B. lässt sich mit wenigen Handgriffen eine leckere Gemüsesuppe daraus zaubern.*

# Daraus wird Minestrone

**150 g getrocknete weiße Bohnenkerne** über Nacht einweichen. Am nächsten Tag die Bohnen in einem großen Topf in ausreichend Wasser nach Packungsangabe weich kochen, dann abschütten. **2 große festkochende Kartoffeln, 3 große Möhren, 2 Zucchini, 4 Stangen Staudensellerie, 2 Zwiebeln** und **4 Tomaten** putzen, waschen, gegebenenfalls schälen und alles klein schneiden. In einem großen Topf **2 EL Olivenöl** erhitzen. **50 g Schinkenspeck** darin anschwitzen. Das Gemüse, bis auf die Tomaten und Bohnen, zugeben und kurz mitanschwitzen. **3 Stängel glatte Petersilie** waschen, trocken schütteln und mit den Tomaten und **1 Lorbeerblatt** zugeben. Mit **1,5 l Gemüsebrühe (s. S. 14)** aufgießen, aufkochen und abgedeckt bei geringer Temperatur ca. 30 Min. kochen. Nach 30 Min. die Bohnen zugeben und weitere 15 Min. kochen. Zum Schluss mit **Salz** und **Pfeffer** abschmecken. Mit **20 g frisch geriebenem Parmesan** bestreuen. Dazu gibt es Baguette.

# Rinderbrühe

**Für ca. 3 l Brühe**

**2,5 kg klein gehackte Rinderknochen**
**800 g Suppengrün (Knollensellerie, Lauch, Möhre)**
**5 Stängel Petersilie**
**4 Zwiebeln**
**2 Lorbeerblätter**
**1 TL schwarze Pfefferkörner**
**2 Gewürznelken**
**8 Wacholderbeeren**
**1 TL Senfkörner**
**Salz**

1. Die Knochen in ausreichend kochendem Wasser ca. 5 Min. abkochen, herausnehmen und abwaschen. So werden alle Eiweißteilchen entfernt, die die Brühe trüb machen könnten.

2. Suppengrün putzen, waschen, gegebenenfalls schälen und in Würfel schneiden. Petersilie waschen, trocken schütteln und die Blätter abzupfen.

3. Zwiebeln schälen, halbieren und die Schnittflächen in einer Pfanne ohne Fett erhitzen. Auf diese Weise dunkel bräunen; das gibt der Brühe eine schöne Farbe. Die Knochen mit so viel kaltem Wasser auffüllen, dass sie vollkommen bedeckt sind.

4. Gemüse, Zwiebeln, Petersilie und die Gewürze mit 1 kräftigen Prise Salz zugeben. Alles langsam erhitzen und bei mittlerer Temperatur mindestens 2 Std. köcheln lassen; nur dann geben die Knochen den Geschmack an die Brühe ab. Wenn sich an der Oberfläche Schaum bildet, diesen nicht gleich abschöpfen; der Schaum besteht aus Eiweiß, das die Trübstoffe in der kochenden Brühe bindet. Nach ca. 1½ Std. kann die Brühe abgeschäumt werden.

5. Nach dem Kochen durch ein feines Sieb oder ein Tuch geben.

### Kochprofi-Tipp
*Der Aufwand ist es wert! Einfach ausreichend Brühe auf Vorrat kochen und diese dann in kleineren Mengen einfrieren.*

# Noch mehr Brühen!

Für die unterschiedlichen Brühen bleibt die Basis immer gleich, man tauscht nur die verwendeten Knochen aus.

### Geflügelbrühe
**Geflügelkarkassen** oder **1 Suppenhuhn** mitkochen. Von dem gegarten Hühnchen das Fleisch von den Knochen lösen und daraus ein Hühnerfrikassee zubereiten.

### Lamm- & Wildbrühe
Die Rinderknochen durch die entsprechende Menge **Lamm- bzw. Wildknochen** ersetzen.

### Tafelspitzbrühe
Statt aus Knochen kann eine Brühe auch aus Fleisch gekocht werden, wie z. B. **1½ kg Tafelspitz**. Dazu das Fleischstück mit den Gemüsewürfeln, Kräutern und Gewürzen mit kaltem Wasser bedeckt aufkochen und bei mittlerer Temperatur garen. Pro Kilogramm Fleisch rechnet man etwa 1 Std. Garzeit. Ob das Fleisch tatsächlich gar ist, überprüft man, indem man eine Fleischgabel hineinsticht. Rutscht es problemlos herunter, ist es fertig.

### Fischbrühe
Hier werden statt der Knochen **Fischkarkassen** (ca. 1 kg pro Liter Wasser) verwendet. Diese wie im Grundrezept beschrieben mit Gemüsewürfeln, Kräutern und Gewürzen aufkochen und bei mittlerer Temperatur ca. 50 Min. köcheln lassen. Anschließend durch ein feines Sieb oder ein Tuch geben.

# Rinderfond

**Für ca. 2 l Sauce**

**2,5 kg klein gehackte Rinderknochen**
**5 EL Sonnenblumenöl**
**800 g Suppengrün (Knollensellerie, Lauch, Möhre, Petersilie)**
**2 Zwiebeln**
**2 Tomaten**
**3 EL Tomatenmark**
**2 l Rotwein**
**3 Knoblauchzehen**
**5 Gewürznelken**
**5 Lorbeerblätter**
**10 Wacholderbeeren**
**5 Stängel Petersilie**
**Salz, Pfeffer**

1. Die Knochen in einem großen Bräter in Öl anbraten. Suppengrün putzen, waschen, gegebenenfalls schälen und in Würfel schneiden. Zwiebeln schälen und würfeln. Tomaten waschen, Strünke entfernen und vierteln.

2. Wenn die Knochen gut gebräunt sind, das Gemüse, bis auf die Tomaten, zugeben.

3. Nach 10 Min. das Tomatenmark einrühren und gut anrösten.

4. Mit 1 l Rotwein ablöschen. Wenn der Rotwein verdunstet ist, weiterrösten und mit dem restlichen Rotwein aufgießen.

5. Knoblauchzehen schälen, mit einem Messer andrücken, mit den Gewürzen, der gewaschenen Petersilie und den Tomaten zugeben. Mit so viel Wasser auffüllen, dass die Knochen gut bedeckt sind und bei mittlerer Temperatur mindestens 3 Std. köcheln lasssen.

6. Dann durch ein feines Sieb oder ein Tuch geben, den Fond kalt stellen und das kalte Fett von der Oberfläche entfernen.

7. Für eine Bratensauce den Fond bis zur gewünschten Konsistenz einkochen und mit Salz und Pfeffer abschmecken.

### Kochprofi-Tipp
*Diese Basissauce kann nach Lust und Laune verfeinert werden, z. B. mit gebratenen Pilzen, eingelegtem grünen Pfeffer, Preiselbeeren oder einem Schuss Portwein.*

# Varianten (für ca. 1 Liter)

## Rotweinsauce

**2 Schalotten** und **1 Knoblauchzehe** schälen und fein würfeln. Mit **je 4 gewaschenen Petersilienstängeln, Rosmarin- und Thymianzweigen** in **2 EL Öl** gut anschwitzen. Mit **100ml Rotwein** und **100ml Portwein** ablöschen und bei hoher Temperatur kräftig einkochen. Mit **1 l Rinderfond (s. S. 18)** auffüllen, nochmals einkochen, mit **Salz** und **Pfeffer** abschmecken. Je nach gewünschter Konsistenz mit **2 EL in etwas kaltem Wasser angerührter Speisestärke** binden. Die Sauce durch ein feines Sieb geben. Einfach lecker zu dunklem Fleisch.

## Sauce mit Bitterschokolade

**2 Schalotten** schälen, fein würfeln und in **2 EL Öl** anschwitzen. Mit **100ml Rotwein** und **100ml Portwein** ablöschen und bei hoher Temperatur kräftig einkochen. Mit **1 l Rinderfond (s. S. 18)** auffüllen, nochmals einkochen und durch ein feines Sieb geben. Mit **Salz** und **Pfeffer** abschmecken und je nach gewünschter Konsistenz mit **2 EL in etwas kaltem Wasser angerührter Speisestärke** binden. Zum Schluss **50 g geraspelte Bitterschokolade** darin schmelzen lassen. Diese Sauce passt sehr gut zu dunklem Fleisch wie Rind oder Wild.

# Sauce Béchamel

**Für ca. 500 ml Sauce**

40 g Butter
40 g Weizenmehl
500 ml Milch
Salz, Pfeffer
Muskatnuss
1 Spritzer Zitronensaft

1. In einem Topf Butter heiß werden lassen.

2. Das Mehl bei geringer Temperatur langsam einrieseln lassen. Dabei kräftig rühren, damit sich keine Klümpchen bilden. Die Mehlschwitze so lange rühren, bis sie eine goldgelbe Farbe annimmt.

3. 200 ml Milch zugießen und kräftig weiterrühren, damit sich keine Klümpchen bilden. Die restliche Milch nach und nach zugießen und alles zu einer glatten Sauce verrühren.

4. Die Sauce mit Salz, Pfeffer, frisch geriebener Muskatnuss und Zitronensaft abschmecken.

### Kochprofi-Tipp
*Die Sauce Béchamel ist die helle Grundsauce überhaupt. Sie kann statt mit Milch auch mit Sahne zubereitet und somit als Sauce für Rahmgemüse verwendet werden. Sie ist auch bei der Zubereitung von Lasagne unerlässlich (s. S. 96).*

**Kochprofi-Tipp**
*Statt in Salzwasser kann das Gemüse auch in ausreichend Gemüsebrühe blanchiert werden. Bei der Sauce Béchamel kann auch die Hälfte der Milch durch Gemüsebrühe ersetzt werden.*

# Rahmgemüse

Das **Gemüse** je nach Sorte putzen, waschen, schälen und klein schneiden. Dann in ausreichend kochendem **Salzwasser** oder **Gemüsebrühe (s. S. 14)** entsprechend der Größe weich kochen. Mit der zubereiteten Sauce mischen und heiß werden lassen.

Die Garzeiten sind lediglich Richtwerte, je nach Größe der Gemüse kann sie variieren.

Blumenkohlröschen ca. 15–20 Min.

Brokkoliröschen ca. 8–10 Min.

Kohlrabiwürfel ca. 8–12 Min.

Lauchringe ca. 6–8 Min.

Leipziger Allerlei ca. 15 Min.

Möhrenscheiben ca. 8–10 Min.

Rosenkohl ca. 10–15 Min.

Schwarzwurzelstücke ca. 15–18 Min.

Spinat ca. 3–5 Min.

Spargelstücke ca. 7–10 Min.

Wirsingstreifen ca. 5–6 Min.

# Sauce hollandaise

**Für ca. 250 ml Sauce**

**200 g Butter**
**3 Eigelb**
**60 ml Weißwein**
**1 Spritzer Zitronensaft**
**Salz, Pfeffer**
**Muskatnuss**

1. Die Zutaten entsprechend vorbereiten. In einem Topf Butter heiß werden lassen, bis sie schäumt. Dann die Temperatur reduzieren, da die Butter sonst verbrennt und braun wird. Mit einer Schaumkelle immer wieder den Schaum abschöpfen und so die Butter klären. Die geklärte Butter vom Herd nehmen.

2. In einem weiteren Topf Wasser heiß werden lassen, aber nicht aufkochen. Eine Metallschüssel über das Wasserbad stellen. Der Boden der Schüssel darf das Wasser nicht berühren. Eigelbe und Weißwein in die Schüssel geben und mit einem Schneebesen kräftig aufschlagen, bis eine glatte, hellgelbe Masse entsteht. Die zerlassene Butter über dem Wasserbad unter ständigem Rühren in die Eiermasse einfließen lassen.

3. Die fertige Sauce kräftig durchrühren und mit Zitronensaft, Salz, Pfeffer und frisch geriebener Muskatnuss abschmecken.

# Sauce béarnaise

**Für ca. 250 ml Sauce**

220 g Butter
2 Schalotten
50 ml Weißweinessig
50 ml Weißwein
3 Eigelb
5 Stängel Estragon
Salz, Pfeffer
1 Spritzer Zitronensaft

1. In einem Topf 200 g Butter heiß werden lassen, bis sie schäumt. Die Temperatur reduzieren, da die Butter sonst verbrennt und braun wird. Mit einer Schöpfkelle immer wieder den Schaum abschöpfen und so die Butter klären. Den Topf vom Herd nehmen und die zerlassene Butter etwas abkühlen lassen.

2. Schalotten schälen und in feine Würfel schneiden. In einem weiteren Topf die restliche Butter erhitzen und die Schalottenwürfel darin glasig dünsten. Mit Essig und Weißwein ablöschen und einmal aufkochen. Die Sauce in eine Metallschüssel umfüllen und etwas abkühlen lassen.

3. In einem Topf Wasser heiß werden lassen, aber nicht aufkochen. Die Sauce in der Metallschüssel über das Wasserbad stellen. Der Boden der Schüssel darf das Wasser nicht berühren. Eigelbe zugeben und mit dem Schneebesen zu einer cremigen Masse aufschlagen.

4. Die geklärte Butter langsam unter ständigem Rühren einfließen lassen. Estragon waschen, trocken schütteln, die Blättchen von den Stängeln zupfen, fein hacken und unter die Sauce rühren.

5. Die Sauce béarnaise mit Salz, Pfeffer und Zitronensaft abschmecken. Die Sauce passt zu kurzgebratenem oder gegrilltem Fleisch oder auch sehr gut zu gedünstetem oder gebratenem Fisch.

### Kochprofi-Tipp
*So ist die klassische Zubereitung! Wenn es jedoch mal schnell gehen muss, kann die Sauce hollandaise auch mit zerlassener ungeklärter Butter zubereitet werden. Wer nicht genügend Schlagkraft besitzt, kann statt des Schneebesens auch ein Handrührgerät mit Rührbesen verwenden.*

# Tomatensauce

**Für ca. 250 ml Sauce**

800 g reife Tomaten
1 Möhre
1 Zwiebel
1 Stange Staudensellerie
5 EL kalt gepresstes Olivenöl
Salz, Pfeffer
1 Prise Zucker
2 Stängel Basilikum

1. Tomaten waschen und die Strünke entfernen. Möhre putzen und schälen. Zwiebel schälen. Staudensellerie putzen und waschen. Das Gemüse in Würfel schneiden.

2. Zwiebel-, Möhren- und Staudenselleriewürfel in einem Topf in 2 EL heißem Olivenöl anschwitzen. Tomatenwürfel zugeben und abgedeckt bei geringer Temperatur ca. 30 Min. köcheln lassen.

3. Das gegarte Gemüse mithilfe einer Suppenkelle durch ein feines Sieb streichen. Diesen Vorgang nennt man Passieren. Das Tomatenpüree mit einem Teigschaber außen am Sieb abstreifen.

4. Die Sauce bei mittlerer Temperatur einmal aufkochen, mit Salz, Pfeffer und Zucker abschmecken. Von der Herdplatte nehmen und das Olivenöl langsam unterrühren. Basilikum waschen, trocken schütteln, die Blätter abzupfen, fein hacken und erst kurz vor dem Anrichten unter die Sauce rühren.

### Kochprofi-Tipp
*Wer mag, kann einen Teil der frischen Tomaten auch durch geschälte oder stückige Tomaten aus der Konserve ersetzen.*

# Noch mehr Tomatensaucen! (für 4 Portionen)

### Arrabiata-Sauce

**4 Knoblauchzehen** schälen und in Würfel schneiden. **500 g Tomaten** mit kochendem Wasser überbrühen, häuten, Strünke entfernen und in Würfel schneiden. Oder **1 kleine Dose (425 g) stückige Tomaten** verwenden. **2 rote Chilischoten** waschen, Kerne und weiße Innenhäute entfernen und klein schneiden. In einer Pfanne **3 EL Olivenöl** erhitzen und den Knoblauch darin andünsten. Chilischoten und Tomaten zugeben und ca. 5 Min. dünsten. Mit **je 1 Prise Salz, Pfeffer** und **Zucker** würzen und abschmecken. **1 Stängel glatte Petersilie** waschen, trocken schütteln, Blättchen von den Stängeln zupfen, klein schneiden und zur Sauce geben.

### Schnelle Tomatensauce

**1 Dose (425 g) stückige Tomaten** mit **1 EL Tomatenmark, 1 EL Olivenöl, 5 klein geschnittenen getrockneten Tomaten, 2–3 Zehen geschältem Knoblauch** und **1–2 TL Zucker** pürieren, mit **Salz** und **Pfeffer** abschmecken. Nach Bedarf kalt verwenden oder erwärmen.

### Currywurst-Sauce

**2 Orangen** und **1 Limettenhälfte** auspressen. Den Saft in einen Topf geben, aufkochen und bei geringer Temperatur etwas einkochen. **400 ml passierte Tomaten** zugeben. Bei geringer Temperatur weiter einkochen. **300 ml Tomatenketchup** zufügen und mit **Currypulver, Salz, Pfeffer** sowie **1 Prise Zucker** abschmecken.

# Sauce Bolognese

**Für 4 Portionen**

**1 Stange Staudensellerie**
**2 Möhren**
**1 Zwiebel**
**2 Knoblauchzehen**
**3 EL Olivenöl**
**500 g gemischtes Hackfleisch**
**2 EL Tomatenmark**
**1 Dose (425 g) geschälte Tomaten**
**250 ml Rinderbrühe (s. S. 16)**
**Salz, Pfeffer**
**2 EL gehackte Kräuter (z. B. Petersilie, Oregano, Schnittlauch)**
**50 g gehobelter Parmesan**

1. Staudensellerie putzen und waschen. Möhren putzen und schälen. Zwiebel und Knoblauchzehen schälen und das ganze Gemüse in sehr kleine Würfel schneiden.

2. In einem Topf Olivenöl erhitzen und das Hackfleisch darin bei starker Temperatur ca. 5 Min. krümelig braten.

3. Zwiebel- und Knoblauchwürfel zugeben und kurz mitbraten. Gemüsewürfel zugeben und ebenfalls mitbraten. Das Tomatenmark einrühren und etwas anrösten.

4. Wenn alles eine schöne Farbe hat, geschälte Tomaten zugeben. Mit der Brühe ablöschen und aufkochen.

5. Bei mittlerer Temperatur ca. 30 Min. köcheln lassen. Ab und zu umrühren, sodass nichts anbrennt.

6. Mit Salz und Pfeffer abschmecken und mit Kräutern zu frisch gekochter Pasta servieren. Mit gehobeltem Parmesan bestreuen.

### Kochprofi-Tipp

*Ein richtiger Knaller ist die Sauce, wenn ein Teil der Brühe durch Rotwein ersetzt wird. Sauce Bolognese lässt sich außerdem gut einfrieren, deshalb einfach etwas mehr kochen.*

# Bolognese satt!

### Geflügelbolognese

Für Figurbewusste eignet sich die Variante der Bolognese mit **Geflügelhackfleisch** oder fein gehacktem **Hähnchenbrustfilet**.

### Wildbolognese

Wild auf Wild – eine leckere Alternative zu gemischtem Hackfleisch ist **Wildhackfleisch**. Einfach die angegebene Menge Hackfleisch durch frisch durchgelassenes Wildfleisch austauschen.

### Veggie-Pilzbolo (für 4 Portionen)

**400 g geputzte Shiitake-Pilze** in einem Blitzhacker grob hacken. **1 Zwiebel, 2 Knoblauchzehen** schälen und mit **5 getrockneten Tomaten** fein würfeln. Alles in einer Pfanne in **5 EL Öl** goldbraun braten. **1 EL Tomatenmark** unterrühren. Mit **100 ml Rotwein** ablöschen, einmal aufkochen. **100 ml Gemüsebrühe (s. S. 14)** und **1 Dose (425 g) stückige Tomaten** zugeben, mit **Salz, Pfeffer** und **1 TL Zucker** würzen. Bei kleiner Hitze offen 15 Min. dicklich einkochen. **400 g Lieblingspasta** nach Packungsanweisung in ausreichend **Salzwasser** garen. Abgießen und tropfnass mit der Bolognese vermengen. Mit frisch geriebenem **Parmesan** servieren.

## Basilikum
Typisch Italien! Pizza, Pasta & Co. erhalten so ihr einmaliges Aroma. Tomate-Mozzarella und Pesto alla genovese ohne Basilikum? Keine Chance!

## Koriander
Die einen lieben es, die anderen hassen es. Hilft aber alles nix: Ob frisch als Kraut oder getrocknet als Samen gehört es nun mal in die orientalische, asiatische und mexikanische Küche wie die Faust aufs Auge.

Rosmarin

## Lorbeer
Sieht nicht nur als Siegerkranz fesch aus, sondern verleiht Schmorgerichten, Brühen und Saucen eine würzig-kräftige Note. Toll auch für Ofen-Kartoffeln zum Bespicken.

Petersilie

Oregano

Thymian

Lorbeer

## Majoran
Bodenständig gut würzt Majoran nicht nur schwere Gerichte aus Kartoffeln und Hülsenfrüchten, sondern auch Fleisch und Würste.

## Rosmarin
Intensiv, aromatisch und lecker für Fleisch, Lamm, Geflügel, mediterranes Gemüse, Kartoffeln und Teigwaren. Ein wichtiger Bestandteil der Mischung „Kräuter der Provence".

## Oregano
Das im Mittelmeerraum verwendete Kraut passt hervorragend zu Pizza, Lamm- und Gemüsegerichten. Ein Hauch von Urlaub im Süden!

## Schnittlauch
Der leicht pikante Geschmack der fein geschnittenen Röllchen passt wunderbar zu Suppen, Salaten, Eierspeisen, Saucen und Dips. Schmeckt auch klasse auf frisch gebackenem Brot mit Butter!

## Petersilie
Der Tausendsassa: Ob glatt oder kraus, sie ist vielseitig einsetzbar und motzt mit ihrem intensiven Grün Suppen, Salate, Fleisch- und Fischgerichte noch mal so richtig auf.

## Thymian
Sommer, Sonne, Thymian! Für den mediterranen Touch in Fleisch-, Geflügel- und Fischgerichten, aber auch für die feine Veggie-Küche.

## Currypulver
Je nach Mischung besteht es aus ca. 13 Gewürzen, fast immer dabei sind Koriander, Kreuzkümmel, Pfeffer und Bockshornklee. Nicht nur das i-Tüpfelchen einer jeden Currywurst, sondern auch in Suppen, Fleisch-, Fisch- und Geflügelgerichten sowie generell in der asiatischen Küche wahnsinnig gut!

## Kümmelsamen
Ein klassisches Gewürz für deftige, fetthaltige Gerichte aus Brot, Kartoffeln, diversen Kohlsorten, Fleisch und Käse. Mag zwar nicht jeder, ist aber gesund!

# Kräuter & Gewürze

## Muskatnuss
Frisch geriebener Muskat schmeckt am besten in Suppen, Eintöpfen, Kartoffel- und Fleischgerichten, natürlich auch in Gemüsebeilagen. Sparsam verwenden, zuviel schmeckt nicht und bei mehr als 3 g pro Kopf wird's ohnehin schädlich!

## Paprikapulver
Gulasch ohne Paprika ist wie Surfen ohne Netz! Mit seiner leuchtend roten Farbe bringt es Feuer in Saucen, Suppen, Dips, Gemüse-, Fleisch- und Geflügelgerichte. Dabei unterscheidet man mildes „edelsüßes" und scharfes „rosenscharfes" Paprikapulver.

## Pfeffer
Bringt Pfiff in alle Speisen! Als das am meisten verwendete Gewürz der Welt ist es in vielen Formen, Farben und Schärfegraden erhältlich. Auch mal apart in Kompott, Schokolade oder süßen Cremes.

## Salz
Egal ob aus Bad Reichenhall, dem Mittelmeer, Himalaya-Gebirge oder der Kalahari-Wüste: Ohne geht es wirklich nicht!

## Zimtpulver
Ein treuer Begleiter der Weihnachtsbäckerei sowie Süßspeisen, aber auch verwegen und geheimnisvoll in orientalischen Fleisch- sowie Gemüsegerichten wie in 1001 Nacht.

# Dressings

## Joghurt-Dressing (für ca. 250 ml)

**1 unbehandelte Zitrone** heiß abwaschen, trocknen und die Schale fein abreiben. Zitrone halbieren und den Saft auspressen. **½ Bund Schnittlauch** waschen, trocken schütteln und in Röllchen schneiden. **150 g Naturjoghurt** und **100 ml Sahne** verrühren. Schnittlauch, Zitronensaft und -schale zugeben, mit **Salz, Pfeffer** und **1 Prise Zucker** abschmecken. Das Dressing z. B. in ein Schraubglas mit Deckel füllen und kalt stellen. Es ist gekühlt ca. 1 Woche haltbar.

## Vinaigrette (für ca. 400 ml)

**1 Schalotte** schälen und in sehr kleine Würfel schneiden. Mit **200 ml Pflanzenöl, 100 ml Weißweinessig, 100 ml Rinder- oder Gemüsebrühe (s. S. 16 oder 14)** gut verrühren, mit **Salz, Pfeffer,** nach Belieben mit **1 EL Senf** und **2 TL flüssigem Honig** abschmecken. Die Vinaigrette z. B. in ein Schraubglas mit Deckel füllen. Sie ist gekühlt ca. 1 Woche haltbar.

### Kochprofi-Tipp
*Für eine Kräuter-Vinaigrette 2 EL gehackte Kräuter nach Belieben und Saison unterrühren.*

## French-Dressing (für ca. 500 ml)

**2 Thymianzweige** und **1 Rosmarinzweig** waschen und trocken schütteln. **2 Schalotten** und **1 Knoblauchzehe** schälen und in feine Scheiben schneiden. Mit Thymian, Rosmarin und **200 ml Rinderbrühe (s. S. 16)** in einem Topf aufkochen und bei hoher Temperatur ca. 5 Min. köcheln lassen. Kräuter herausnehmen, **3 frische Eigelb, 250 ml Sonnenblumenöl, 100 ml heller Obst- oder Apfelessig, 1 EL flüssiger Honig, 60 g frisch geriebener Parmesan** und **2 gehackte Sardellenfilets** zugeben, **salzen** und **pfeffern**. Alles pürieren und eventuell durch ein Sieb streichen. Das Dressing einige Std. ziehen lassen. Verschlossen und gekühlt hält es sich ca. 3 Tage.

## Kartoffel-Speck-Dressing (für ca. 500 ml)

**1 kleine Zwiebel** schälen und in feine Würfel schneiden. In einem Topf Zwiebel- und **50 g Speckwürfel** in **1 EL heißem Pflanzenöl** anschwitzen. Mit **50 ml Weißwein** ablöschen. **300 ml Rinder- oder Gemüsebrühe (s. S. 16 oder 14), 50 ml Essig** und **40 ml Pflanzenöl** zugeben und aufkochen. **1 große Pellkartoffel** pellen, durch eine Kartoffelpresse drücken und kräftig unterrühren. Mit **Salz, Pfeffer, frisch geriebener Muskatnuss** und **1 Prise Zucker** abschmecken. Das Dressing lauwarm oder auch kalt über den Salat geben und servieren. In einem Schraubglas mit Deckel hält es sich ca. 1 Woche im Kühlschrank.

# Mayonnaise

**Für ca. 200 g**

**1 frisches Eigelb**
**1 Spritzer Zitronensaft**
**1 Spritzer Weißweinessig**
**2 TL Senf**
**200 ml Sonnenblumenöl**
**Salz, Pfeffer**

1. Die Zutaten entsprechend vorbereiten.

2. Das Eigelb in eine Schüssel geben. Zitronensaft, Weißweinessig und Senf zugeben und alles mit einem Schneebesen verrühren oder mit einem Stabmixer pürieren.

3. Sonnenblumenöl langsam in einem dünnen Strahl unter ständigem Rühren bzw. Mixen einlaufen lassen.

4. Die Mayonnaise mit Salz und Pfeffer abschmecken.

### Kochprofi-Tipp
*Nichts geht über selbst gemachte Mayo! Bei der Herstellung sollte man nur darauf achten, dass alle Zutaten die gleiche Temperatur haben, sonst verbinden sich Öl und Ei nicht. Da rohes Ei verwendet wird, sollte dieses außerdem sehr frisch sein. Selbst gemachte Mayonnaise ist nur kurze Zeit, ca. zwei Tage, haltbar.*

# Was geht noch …

## Remoulade (für ca. 400 g)

Die **Mayonnaise (s. S. 32)** wie beschrieben zubereiten. **3 Eier** hart kochen, abschrecken, schälen und fein hacken. **2 Schalotten** schälen und in kleine Würfel schneiden. **8 Cornichons** und **1 TL Kapern** abtropfen lassen und ebenfalls klein schneiden. Mayonnaise und **150 g saure Sahne** verrühren. Eier, Schalotten, Cornichons und Kapern unterrühren. **1 Bund Schnittlauch** waschen, trocken schütteln, in feine Röllchen schneiden und unter die Remoulade heben. Mit **Salz** und **Pfeffer** abschmecken.
Die Remoulade passt gut zum Backfisch auf Seite 124.

## Cocktailsauce (für ca. 300 g)

Die **Mayonnaise (s. S. 32)** wie beschrieben zubereiten. Mit **5 EL Tomatenketchup** und **2 TL Weinbrand** verrühren. Mit **einigen Spritzern Worcestersauce** verfeinern.
Sie schmeckt prima zu Burgern, Pommes frites oder einfach nur als Dip.

## Aioli (für ca. 250 g)

Die **Mayonnaise (s. S. 32)** wie beschrieben zubereiten. Nach Belieben die Aioli mit Olivenöl statt mit Sonnenblumenöl herstellen. **4–5 Knoblauchzehen** schälen und durch eine Knoblauchpresse in die Mayo drücken. Mit **Salz, Pfeffer** und **1 EL Zitronensaft** abschmecken. Die Aioli schmeckt lecker zu Fisch oder einfach auf Baguette.

**4**

## Selbst gemachte Pommes frites (für 4 Portionen)

**600 g festkochende Kartoffeln** schälen und in gleichmäßige Balken schneiden. Waschen und gut trocken tupfen. Ausreichend **Pflanzenöl** in einer Fritteuse oder – falls nicht vorhanden – in einem Topf oder einer Pfanne erhitzen. Um zu testen, ob das Öl zum Frittieren heiß genug ist, einen Holzlöffel hineinhalten. Bilden sich kleine Bläschen am Stiel, ist die notwendige Hitze erreicht. Die Pommes ca. 2–3 Min. in dem heißen Öl vorfrittieren und herausnehmen. Das Öl wieder heiß genug werden lassen und die Pommes darin portionsweise goldgelb frittieren. Auf Küchenpapier abtropfen lassen und mit **Salz, Pfeffer** sowie **edelsüßem Paprikapulver** würzen.

# 4 × Butter (für je ca. 250 g)

## Knoblauchbutter

**250 g weiche Butter** mit einem Handrührgerät aufschlagen. **1 Knoblauchzehe** schälen und durch eine Presse zur Butter drücken. Alles verrühren und mit **1 TL Salz** würzen. Die Masse auf ein großes Stück Frischhaltefolie oder Butterbrotpapier geben, zu einer Rolle formen und die beiden Enden fest zudrehen. Dann zusätzlich in einen Bogen Alufolie einrollen und im Kühlschrank fest werden lassen.

## Kräuterbutter

**1 Bund Kräuter, z. B. Petersilie, Bärlauch oder Schnittlauch** waschen, trocken schütteln, Blättchen von den Stängeln zupfen, hacken oder in feine Röllchen schneiden und mit **250 g weicher Butter** und **1 TL Salz** verrühren.

## Orangen-Minz-Butter mit rosa Beeren

**1 kleines Bund Pfefferminze** waschen, trocken schütteln, Blättchen von den Stängeln zupfen und hacken. **1 unbehandelte Orange** heiß abwaschen, trocknen und die Schale abreiben. **2 TL rosa Beeren** mit der gehackten Minze, dem Orangenabrieb, **250 g weicher Butter** und **1 TL Salz** mischen. Mit **2 Msp. Cayennepfeffer** abschmecken.

## Crunchy Zitronenbutter

**½ unbehandelte Zitrone** heiß abwaschen, trocknen, Schale abreiben und Saft auspressen. Saft, Abrieb und **½ TL frisch gemahlenen Pfeffer** mit **250 g weicher Butter** gut verrühren. Zum Schluss **25 g Salzflakes** vorsichtig untermischen.

### Kochprofi-Tipp

*Die Würzbutter lässt sich sehr gut portionieren, einfrieren und ist bei Bedarf ruckzuck aufgetaut. Die Buttervarianten passen gut zu gegrilltem Fleisch und Fisch oder einfach zu frisch gebackenem Brot.*

# Mangochutney
**(für 2 sterile Gläser à 400 ml Inhalt)**

**2 feste Mangos** schälen, Fruchtfleisch von den Kernen schneiden, 750 g abwiegen und in ca. 5 mm kleine Würfel schneiden. **40 g Ingwerwurzel** schälen und in feine Streifen schneiden. **4 rote Chilischoten** waschen, halbieren, entkernen und in sehr feine Streifen schneiden. **3 Limetten** halbieren, auspressen und den Saft mit **100 ml Apfelessig** verrühren. **150 g Rohrzucker** in einem Topf unter Rühren so lange erhitzen, bis er flüssig und hellbraun ist. Ingwer- und Chilistreifen zugeben. Sofort vorsichtig mit der Limetten-Essig-Mischung ablöschen und bei mittlerer Temperatur ca. 2–3 Min. kochen. Mangowürfel zugeben und bei geringer Temperatur unter häufigem Rühren ca. 45 Min. ganz leicht köcheln lassen; dabei falls nötig bis zu **200 ml Wasser** nach und nach zugießen. Mangochutney noch heiß in die vorbereiteten Gläser füllen und mit Deckeln verschließen. Kopfüber 5 Min. stehen lassen, anschließend wieder aufrecht stellen und auskühlen lassen.

### Kochprofi-Tipp
*Dieses Chutney dient als Grundrezept. Man kann hier nach Lust und Laune die Zutaten variieren. Wichtig ist, dass die Grundmenge von ca. 750 g Obst oder Gemüse sowie die Flüssigkeits- und Zuckermenge ungefähr eingehalten werden.*

### Gläser sterilisieren
*Einfach im vorgeheizten Backofen bei 150 °C Ober- und Unterhitze die geöffneten Gläser ca. 10 Min. erhitzen und im geschlossenen Ofen lassen, bis sie abgekühlt sind. Alternativ können die Einmachgläser ca. 10 Min. in einem großen Topf mit heißem Wasser ausgekocht werden. Danach herausnehmen und zum Auskühlen auf saubere Küchenhandtücher stellen.*

# Pesto alla genovese

**Für ca. 500 g**

**2 Bund Basilikum (ca. 150 g)**
**3 Knoblauchzehen**
**200 ml mildes Olivenöl**
**50 g Parmesan**
**2 EL geröstete Pinienkerne**
**Salz, Pfeffer**

1. Basilikum waschen, trocken schütteln und Blätter von den Stängeln zupfen. Knoblauchzehen schälen und grob zerteilen. Beides in einen Mörser geben. Olivenöl zugießen.

2. Parmesan grob hacken und mit den Pinienkernen zufügen.

3. Alles zu einer feinen Paste zerreiben. Mit Salz und Pfeffer abschmecken. Zur Aufbewahrung in ein steriles Glas füllen.

### Kochprofi-Tipp
*Bei der Zubereitung im Mörser entwickeln sich die Aromen besser. Wenn es aber schnell gehen muss, eignet sich auch ein Mixer prima für die Zubereitung des Pestos.*

# Noch mehr Pestos!

## Pesto rosso (für ca. 500 g)

**1 Glas getrocknete Tomaten in Öl (Abtropfgewicht ca. 180 g)** in einem Sieb gut abtropfen lassen. Öl auffangen. **2 Knoblauchzehen** schälen und grob würfeln. Abgetropfte Tomaten grob würfeln, **100 g Parmesan** reiben. Alle vorbereiteten Zutaten in einen Mixer geben. **Je 4 EL Tomaten- und Olivenöl** und **75 g Pinienkerne** zufügen, bis zur gewünschten Konsistenz pürieren. Kräftig mit **Salz** und **Pfeffer** abschmecken. Wer mag, würzt zusätzlich mit **Chili-** oder **Paprikapulver**.

## Radieschenblätterpesto (für ca. 300 g)

**3 EL Mandelstifte** in einer Pfanne ohne Fett goldbraun rösten. **Radieschenblätter von 1 Bund Radieschen** gründlich waschen und trocken schleudern. Mit Mandeln, **1 EL Meerrettich aus dem Glas** und **150 ml Rapsöl** in einem Mixer pürieren. **50 g Bergkäse** reiben, mit **1 EL Zitronensaft** unter das Pesto rühren. Mit **Salz, Pfeffer** und **1 Prise gemahlenem Kümmel** abschmecken. Schmeckt super zu gegrilltem Fleisch.

**3**

## Nudeln mit Pesto

Die **Lieblingsnudeln** in kochendem **Salzwasser** nach Packungsanweisung bissfest kochen. Eine Kelle Nudelwasser abnehmen, Nudeln abgießen. Abgemessenes Nudelwasser und Nudeln zurück in den Topf geben. **Pesto** untermengen – fertig!

# Salsa verde

**Für 4 Portionen**

**6 Sardellenfilets in Öl**
**6 Cornichons**
**1 Knoblauchzehe**
**1 Bund Petersilie**
**1 Bund Basilikum**
**1 Bund Minze**
**1 EL Kapern**
**1 EL Dijonsenf**
**1–2 EL Rotweinessig**
**2–3 EL Olivenöl**
**Salz, Pfeffer**

1. Sardellen abtropfen lassen, mit den Cornichons fein hacken und in eine Schüssel geben. Knoblauch schälen, fein hacken und durch eine Presse zu den Cornichons drücken.

2. Petersilie, Basilikum und Minze waschen, trocken schütteln, Blätter von den Stängeln zupfen und ebenfalls fein hacken.

3. Abgetropfte Kapern in die Schüssel geben und mit dem Senf und Rotweinessig verrühren.

4. Die Kräuter ebenfalls unterrühren.

5. Am Schluss Olivenöl zugeben, mit Salz und Pfeffer abschmecken.

# Noch mehr Dips! (für 4 Portionen)

## Zaziki

**1 Knoblauchzehe** schälen und fein hacken. **½ Salatgurke** schälen und grob raspeln. Leicht salzen, ca. 10 Min. Wasser ziehen lassen und gut ausdrücken. **150 g griechischen Joghurt (10 % Fett)** und **150 g Quark (20 % Fett)** mischen, Gurkenraspel sowie Knoblauch unterheben und mit **1 Spritzer Zitronensaft, Salz** und **Pfeffer** abschmecken.

# Guacamole

**2 reife Avocados** halbieren, den Stein entfernen und das Fruchtfleisch von der Schale lösen. Sofort mit dem Saft von **½ Zitrone** beträufeln, damit die Avocados nicht braun werden und mit einer Gabel fein zerdrücken. **1 Tomate** waschen, Strunk entfernen und würfeln. **1 rote Chilischote** waschen, Kerne und Innenhäute entfernen und in Würfel schneiden. **1 rote Zwiebel** schälen und ebenfalls würfeln. **½ Bund Koriander** waschen, trocken schütteln, Blättchen von den Stängeln zupfen und hacken. Alle vorbereiteten Zutaten vermischen und **2 EL saure Sahne** untermischen. Mit **Salz, Pfeffer** und **einigen Tropfen Habañerosauce** oder **Tabasco** abschmecken.

# Auberginencreme

Backofen auf 200 °C Ober- und Unterhitze vorheizen. **2 Auberginen** putzen, waschen, längs halbieren und das Fruchtfleisch kreuzweise einschneiden. Mit der Schnittfläche nach oben auf ein Backblech geben. Mit **3 EL Olivenöl** beträufeln und mit **Salz** bestreuen. Im Backofen ca. 30 Min. garen. **1 Knoblauchzehe** schälen und sehr fein hacken. **5 Petersilienstängel** waschen, trocken schütteln, die Blättchen abzupfen und hacken. Das gegarte Auberginenfruchtfleisch mit einem Löffel herauskratzen und fein hacken. Mit **1 EL Sesampaste, 1 EL Zitronensaft,** Petersilie und Knoblauch vermischen, mit **2 Spritzern Sojasauce** abschmecken.

# Süßer Hefeteig – Hefezopf

**Für 1 Stück**

250 ml Milch
100 g Butter
30 g frische Hefe
80 g Zucker
500 g gesiebtes Weizenmehl
2 Eier
1 TL Zitronenabrieb
Mark von ½ Vanilleschote
2 Prisen Salz
Mehl zum Bearbeiten
1 Ei zum Bestreichen

1. Die Zutaten entsprechend der Zutatenliste abwiegen. Milch in einem Topf nur leicht erwärmen und die Butter darin schmelzen.

2. Die restlichen Zutaten in die Rührschüssel einer Küchenmaschine geben. Wer keine hat, kann den Teig selbstverständlich auch mit einem Handrührgerät mit Knethaken zubereiten oder einfach mit den Händen verkneten.

3. Die Butter-Milch-Mischung zugeben und den Teig ca. 10 Min. kneten, bis er sich von der Schüssel löst.

4. Teig mit etwas Mehl bestäuben und mit einem sauberen Küchenhandtuch abgedeckt an einem warmen Ort ca. 1 Std. gehen lassen.

5. Den Teig auf einer leicht bemehlten Arbeitsfläche nochmals durchkneten. In 3 gleich große Portionen teilen und zu Strängen rollen. Aus den Strängen einen Zopf flechten und die Enden andrücken. Mit verquirltem Ei bestreichen. Weitere 15 Min. an einem warmen Ort ruhen lassen.

6. Im vorgeheizten Backofen bei 180 °C Ober- und Unterhitze auf mittlerer Schiene ca. 35–40 Min. goldgelb backen. Herausnehmen und auskühlen lassen.

## Rosinen- oder Schokobrötchen (für ca. 15 Stück)

Unter den Teig **3–4 EL Rosinen** bzw. **backfeste Schokoladen-Drops** unterkneten. In 15 gleich große Kugeln formen. Backzeit ca. 15–20 Min.

# Pikanter Hefeteig – Pizzateig

**Für 1 Backblech oder
2 runde Pizzableche**

**300 g gesiebtes Weizenmehl
Salz
4 EL Olivenöl
½ Würfel frische Hefe (21 g)
oder 1 Päckchen Trockenhefe
Zucker
150 ml lauwarmes Wasser
Mehl zum Bearbeiten**

1. Das Mehl mit 1 kräftigen Prise Salz und dem Olivenöl in eine Schüssel geben. Die Hefe mit 1 Prise Zucker in dem lauwarmen Wasser auflösen und zugießen.

2. Alles mit den Knethaken eines Handrührgeräts oder mit den Händen in ca. 5 Min. zu einem glatten Teig verkneten.

3. Mit einem sauberen Küchentuch abgedeckt an einem warmen Ort so lange gehen lassen, bis er sich sichtbar vergrößert hat (ca. 60 Min.). Den Teig auf einer leicht bemehlten Arbeitsfläche nochmals kurz durchkneten.

4. Den Teig auf Größe des Blechs ausrollen und darauflegen. Pizzateig mit vorbereiteten Zutaten nach Wunsch belegen (s. S. 95) und sofort backen.

# Focaccia

Den **Hefeteig** wie oben beschrieben zubereiten. Zu einer ovalen Teigplatte formen und auf ein backblechgroßes Stück Backpapier legen. Den Backofen mit einem Backblech auf 220 °C Ober- und Unterhitze vorheizen. **100 g rote Trauben** waschen, von den Rispen zupfen und trocknen. **3 Thymianzweige** waschen, trocken schütteln und die Blättchen von den Zweigen zupfen. Den Teig mit den Fingerknöcheln eindrücken. Mit **Olivenöl** einpinseln, die Trauben in die Mulden geben und mit Thymian und **1 EL grobem Meersalz** bestreuen. Das Backpapier mit der Focaccia auf das heiße Backblech ziehen. Im Backofen auf mittlerer Schiene ca. 25 Min. backen, bis die Oberfläche leicht gebräunt ist.

# Süßer Mürbeteig

**Für 1 Springform (Ø 26 cm)**

150 g zimmerwarme Butter
100 g Zucker
1 Prise Salz
1 Ei
250 g gesiebtes Weizenmehl
1 TL Backpulver
Mehl zum Bearbeiten

1. Die Zutaten entsprechend der Zutatenliste abwiegen.

2. Alles zu einem glatten Teig verkneten.

3. Zu einer Kugel formen, in Frischhaltefolie wickeln und mindestens 1 Std. kalt legen.

4. Den Teig auf einer leicht bemehlten Arbeitsfläche in der gewünschten Form mithilfe einer Teigrolle ausrollen und nach Belieben weiterverarbeiten.

## Was kann man daraus machen …

### Käsekuchen

Den **Mürbeteig (s. o.)** zubereiten. Für die Käsemasse **80 g gesiebtes Weizenmehl, 200 g Zucker, 1 TL Vanillezucker, 1 Prise Salz, 1 TL Zitronenabrieb, Saft von 1 Zitrone** sowie **4 Eier** glatt rühren. **750 g Speisequark (20 %)** und **100 ml Milch** zufügen. Zwei Drittel des Teigs auf dem Boden einer eingefetteten Springform ausrollen. Mehrmals mit einer Gabel einstechen und mit dem Springformrand umstellen. Im vorgeheizten Backofen bei 180 °C Ober- und Unterhitze auf dem Rost auf mittlerer Schiene ca. 15 Min. anbacken. Herausnehmen und leicht abkühlen lassen. Den restlichen Teig zu einem Strang rollen, zu einer Schnecke formen und am Rand der Springform entrollen und als Rand nach oben drücken. Die Käsemasse hineinfüllen und auf mittlerer Schiene weitere 40 Min. backen. Dann auf einem Kuchengitter etwas stehen lassen, aus der Form lösen und vollständig auskühlen lassen.

# Noch mehr Teige! (für 1 Spring- oder Tarteform)

## Pikanter Mürbeteig

**300 g gesiebtes Weizenmehl** in eine Schüssel geben und mit **200 g weicher Butter, 1 gehäuften TL Salz** und **1 Ei** mit einem Handrührgerät mit Knethaken rasch zu einem glatten Teig verkneten. Zu einer Kugel formen, in Frischhaltefolie wickeln und ca. 1 Std. in den Kühlschrank legen. Den Teig auf einer mit etwas **Mehl** bestäubten Arbeitsfläche in die gewünschte Form ausrollen und entsprechend weiterverarbeiten. Aus dem pikanten Mürbeteig kann man z. B. eine Spinat-Tarte (s. S. 63) machen.

## Quark-Öl-Teig

**200 g gesiebtes Weizenmehl** mit **½ Päckchen Backpulver** mischen. **½ TL Salz, 125 g Magerquark, 75 ml Milch** und **50 ml Sonnenblumenöl** zufügen und mit einem Handrührgerät mit Knethaken erst auf niedrigster, dann auf höchster Stufe kurz zu einem glatten Teig verarbeiten. Zu einer Kugel formen, in Frischhaltefolie wickeln und ca. 60 Min. kalt stellen. Den Teig auf einer leicht bemehlten Arbeitsfläche in die gewünschte Form ausrollen und entsprechend weiterverarbeiten. Der Quark-Öl-Teig schmeckt sehr gut als Grundlage für einen Zwiebelkuchen (s. S. 62).

„Wenn ich Kürbis als Gemüse verwende, nehme ich am liebsten Butternut; er hat kaum Kerne und schmeckt extrem lecker."

# Vorneweg

## Suppen & Eintöpfe
## Salate & Vorspeisen
## Kleine Gerichte & Snacks

# Gazpacho

**Für 4 Portionen**

**1 Scheibe Weißbrot
5 große Tomaten
1 Zwiebel
2 Knoblauchzehen
1 Salatgurke
1 grüne Paprikaschote
3 EL Olivenöl
1–2 EL Sherryessig
Salz, Pfeffer
Zucker**

1. Vom Weißbrot die Rinde entfernen, in Würfel schneiden und in etwas kaltem Wasser einweichen, danach ausdrücken.

2. Tomaten mit heißem Wasser überbrühen, kurz ziehen lassen, mit kaltem Wasser abschrecken und häuten. Strünke entfernen und in grobe Stücke schneiden. Zwiebel und Knoblauch schälen. Gurke schälen und halbieren. Paprikaschote waschen, vierteln und Kerne sowie weiße Innenhäute entfernen. Alles grob würfeln.

3. Das Gemüse zusammen mit dem eingeweichten Weißbrot, Öl und Essig in einem Mixer oder mit einem Stabmixer pürieren. Sollte die Gazpacho zu dick sein, etwas kaltes Wasser zugeben und nochmals mixen. Mit Salz, Pfeffer und 1 Prise Zucker abschmecken und bis zum Servieren kalt stellen.

### Kochprofi-Tipp
*Diese Suppe erfrischt an heißen Tagen! Noch mit Croûtons, Paprika- und Zwiebelwürfelchen sowie einem Spritzer guten Olivenöl servieren.*

# Auch die erfrischen! (für 4 Portionen)

## Tomaten-Melonensuppe mit Mozzarella

**700 g entkerntes Wassermelonenfruchtfleisch** sowie **1 kg gewaschene Tomaten** ohne Strunk in grobe Stücke schneiden. Mit **100 ml Olivenöl, gewaschenen Blättern von 1 Bund Basilikum, 2 geschälten Knoblauchzehen** und **2 EL Rotweinessig** in ein Gefäß geben, mit einem Stabmixer pürieren und durch ein feines Sieb streichen. Mit **Salz, Pfeffer** und **Cayennepfeffer** pikant abschmecken und kalt stellen. **1 Kugel (125 g) Mozzarella** fein würfeln. **16 Kirschtomaten** in kochendes Wasser tauchen, mit einer Schaumkelle herausnehmen, mit kaltem Wasser abschrecken, Haut abziehen und halbieren. **30 g Pinienkerne** ohne Zugabe von Fett in einer Pfanne rösten. Mozzarella mit den Kirschtomaten, Pinienkernen und 50 ml Olivenöl, Salz und Pfeffer kurz marinieren. Die kalte Suppe in Tellern anrichten, die Einlage aus der Marinade nehmen und in die Suppe geben.

## Süße Erdbeer-Tomaten-Kaltschale

**4 Tomaten** mit heißem Wasser überbrühen, kurz ziehen lassen, mit kaltem Wasser abschrecken und häuten. Strünke entfernen und in kleine Würfel schneiden. **500 g Erdbeeren** waschen, putzen und vierteln. ⅔ der Tomaten- und Erdbeerstücke zusammen mit **100 ml rotem Traubensaft** und **50 g Puderzucker** pürieren, danach mit **1 Prise Salz** und **2 EL Zitronensaft** abschmecken. Die übrigen Erdbeer- und Tomatenstücke zugeben, anschließend kalt stellen. Dazu passt eine Nocke Schokomousse (s. S. 148).

# Kürbiscremesuppe

**Für 4 Portionen**

**600 g Kürbis
(z. B. Hokkaido, Butternut)
3 Frühlingszwiebeln
2 EL Kürbiskerne
1 EL Rapsöl
Salz
1 EL Butter
1 TL Currypulver, nach Geschmack
Pfeffer
1,2 l Gemüsebrühe (s. S. 14)
125 ml Sahne
Zucker
Kürbiskernöl**

1. Kürbis waschen, halbieren, ggf. schälen, Kerne mit einem Löffel entfernen und in grobe Würfel schneiden. Frühlingszwiebeln putzen, waschen und in Ringe schneiden. Kürbiskerne in einer beschichteten Pfanne in heißem Rapsöl anrösten, leicht salzen und herausnehmen.

2. Die Butter in einem Topf schmelzen. Kürbis und Frühlingszwiebeln darin anschwitzen. Nach Geschmack mit dem Currypulver bestäuben und kurz mitrösten. Mit Salz und Pfeffer würzen, Brühe aufgießen, aufkochen und bei mittlerer Temperatur ca. 15 Min. kochen, bis der Kürbis weich ist.

3. Sahne zugießen, mit einem Stabmixer pürieren und eventuell durch ein Sieb passieren. Sollte die Suppe zu dünn sein, einfach noch etwas einköcheln lassen, dabei aber ab und zu rühren, damit nichts anbrennt.

4. Zum Schluss mit Salz, Pfeffer und 1 Prise Zucker abschmecken. Auf Suppenteller verteilen, mit Kürbiskernen bestreuen und mit einem Schuss Kürbiskernöl beträufeln.

### Kochprofi-Tipp

*Verwendet man statt Butter etwas Rapsöl und statt Sahne Kokoscreme, hat man eine leckere Suppe, mit der man auch Veganer glücklich macht. Mit Kaffir-Limettenblättern, Limettensaft und -schale, Koriander und etwas Chili kann man sie noch toll aufmotzen.*

# Erbsen-Minz-Süppchen

**Für 4 Portionen**

**3 Frühlingszwiebeln**
**1 Stängel Minze**
**1 EL Butter**
**400 g tiefgekühlte Erbsen oder frisch gepalte Erbsen**
**400 ml Gemüse- oder Geflügelbrühe (s. S. 14 oder 17)**
**200 ml Sahne**
**Salz, Pfeffer**

1. Frühlingszwiebeln putzen, waschen und in Ringe schneiden. Die Minze waschen, trocken schütteln, Blättchen von den Stängeln zupfen und fein hacken.

2. In einem Topf die Butter erhitzen und die Frühlingszwiebelringe darin anschwitzen. Erbsen zugeben und 2-3 Min. mitanschwitzen.

3. Brühe zugießen, kurz aufkochen und bei geringer Temperatur ca. 10–15 Min. köcheln lassen, bis die Erbsen weich sind. Nach Belieben einige Erbsen als Einlage herausnehmen und zur Seite stellen. Sahne zugießen und die Suppe in einem Mixer pürieren.

4. Mit Salz und Pfeffer abschmecken. Gegebenenfalls die restlichen Erbsen zur Suppe geben und mit der Minze bestreuen. Großartig als Einlage sind gebratene Garnelen oder in Streifen geschnittener Räucherlachs.

## Kochprofi-Tipp

*Ist die Suppe oder der Eintopf zu dünn geraten, entweder noch etwas einköcheln lassen oder eine rohe und geschälte Kartoffel in die Suppe reiben und kurz mit aufkochen. Die Kartoffelstärke bindet die Flüssigkeit, und die Suppe bekommt eine sämige Konsistenz.*

**Kochprofi-Tipp**
*Das dunkelgrüne Bohnenkraut stammt übrigens nicht von der Bohnenpflanze, sondern ist ein eigenständiges Gewürz, das man auch hervorragend für andere Suppen, Eierspeisen, Fisch- und Fleischgerichte verwenden kann. Einfach ausprobieren!*

# Schnippelbohnensuppe

**Für 4 Portionen**

**400 g Stangenbohnen oder tiefgefrorene Bohnen**
**400 g mehligkochende Kartoffeln**
**2 Zwiebeln**
**3 Stängel Bohnenkraut**
**1 Zweig Thymian**
**1 EL Butter**
**1 Lorbeerblatt**
**1 l Gemüse- oder Rinderbrühe (s. S. 14 oder 16)**
**100 g Speckwürfel**
**200 ml Sahne**
**Salz, Pfeffer**

1. Bohnen putzen, waschen, gegebenenfalls Fäden entfernen und schräg in ca. 2 cm lange Stücke schneiden. Tiefgefrorene Bohnen auftauen lassen und ebenfalls in Stücke schneiden. Kartoffeln schälen, waschen und in kleine Würfel schneiden. Zwiebeln schälen und fein würfeln. Bohnenkraut und Thymian waschen und trocken schütteln.

2. In einem Topf die Butter schmelzen. Zwiebelwürfel zugeben und glasig anschwitzen. Dann Bohnen und Kartoffeln, Kräuter und Lorbeerblatt zugeben. Mit Brühe aufgießen. Aufkochen und abgedeckt bei niedriger Temperatur ca. 15 Min. kochen.

3. In der Zwischenzeit in einer Pfanne ohne Zugabe von Fett die Speckwürfel knusprig ausbraten.

4. Die Kräuter aus der Suppe nehmen, die Sahne einrühren und heiß werden lassen. Mit Salz und Pfeffer abschmecken. Mit den Speckwürfeln und nach Belieben mit Bohnenkrautblättern anrichten. Mit frischem Holzofenbrot servieren.

Vorneweg · 51

# Linseneintopf

**Für 4 Portionen**
(je nach Linsenart evtl. Standzeit über Nacht)

200 g Linsen (z. B. Tellerlinsen)
300 g festkochende Kartoffeln
½ Knollensellerie
1 Stange Lauch
2 Möhren
1 große Zwiebel
1 Bund glatte Petersilie
1 EL Butter
50 g Speckwürfel
1 TL Tomatenmark
Zucker
4 EL weißer Balsamicoessig
1 l Gemüsebrühe (s. S. 14)
Salz, Pfeffer

1. Die Zutaten entsprechend vorbereiten. Linsen gegebenenfalls nach Packungsangabe über Nacht in ausreichend Wasser einweichen. Anschließend abtropfen lassen.

2. Kartoffeln schälen, waschen und in 1 cm große Würfel schneiden. Knollensellerie schälen und ebenfalls in 1 cm große Würfel schneiden. Lauch putzen, der Länge nach halbieren, waschen und in kleine Würfel schneiden. Möhren und Zwiebel schälen und ebenfalls in kleine Würfel schneiden. Petersilie waschen, trocken schütteln, Blätter abzupfen und grob hacken.

3. Die Butter in einem Topf erhitzen und die Zwiebelwürfel darin glasig anschwitzen. Speckwürfel zugeben und mitanschwitzen, das Tomatenmark zugeben und alles anrösten. Möhrenwürfel zufügen, mitanschwitzen, mit ½ TL Zucker bestreuen und mit 2 EL Balsamicoessig ablöschen. Linsen in den Topf geben.

4. Mit der Brühe aufgießen, aufkochen und bei niedriger Temperatur je nach Linsensorte ca. 45–60 Min. köcheln lassen. Die Kartoffel- und Knollenselleriewürfel nach ca. 20 Min. Garzeit zu den Linsen geben. Etwa 5 Min. vor Garzeitende den Lauch unterrühren.

5. Den Linseneintopf mit Salz, Pfeffer, 2 EL Balsamicoessig und 2 Prisen Zucker abschmecken. Mit Petersilie verfeinern und mit heißen Wiener Würstchen oder Mettwürstchen servieren.

### Kochprofi-Tipp
*Für einen Erbseneintopf die gleiche Menge an grünen oder gelben getrockneten Erbsen verwenden und wie oben beschrieben zubereiten.*

# Noch mehr Eintopf!

## Graupeneintopf (für 4 Portionen)

**3 festkochende Kartoffeln, 3 Möhren, 1 Petersilienwurzel, 1 kleiner Kohlrabi, 1 Stange Lauch, 500 g Wirsing** und **2 mittelgroße Zwiebeln** putzen, waschen, gegebenenfalls schälen und in ca. 1 cm große Würfel oder Scheiben schneiden. **2 EL Sonnenblumenöl** in einem Suppentopf heiß werden lassen. Zwiebeln, Möhren, Petersilienwurzel und Kohlrabi mit **125 g Perlgraupen** zugeben, unter Rühren kurz anschwitzen, dann das übrige Gemüse und die Kartoffeln zugeben, **500 ml Gemüse-** oder **Rinderbrühe (s. S. 14 oder 16)** zugießen. **5 Pimentkörner** und **2 Lorbeerblätter** zugeben, aufkochen und das Ganze bei niedriger Temperatur abgedeckt ca. 40–50 Min. köcheln lassen. **1 Bund Schnittlauch** waschen, trocken schütteln und in Röllchen schneiden. Nach der Garzeit die Lorbeerblätter entfernen. Den Eintopf mit **Salz** und **Pfeffer** sowie **1 EL Meerrettich** abschmecken, mit den Schnittlauchröllchen bestreuen.

# Blattsalate (für 4 Portionen)

## Frühling – Wildkräutersalat

**150 g Wildkräutersalat** putzen, in mundgerechte Stücke zupfen, waschen und trocken schleudern. **½ Bund Petersilie** waschen, trocken schütteln und Blättchen abzupfen. **1 Kästchen Kresse** abspülen, trocken schütteln und Blättchen abschneiden. Alle Zutaten vorsichtig mit der **Vinaigrette (s. S. 30)** mischen. Dazu: **500 g weißen Spargel** putzen, schälen, längs und quer halbieren und in einer Pfanne mit **2 EL Sonnenblumenöl** anbraten, **salzen** und **pfeffern**. Salat und Spargel auf Tellern anrichten und mit jeweils **1 Scheibe Räucherlachs** servieren.

## Sommer – Bunter Sommersalat

**½ Lollo bianco** putzen, in mundgerechte Stücke zupfen, waschen und trocken schleudern. **1 Bund Rucola** waschen und trocken schleudern. **2 EL Sprossen-Mix** waschen und abtropfen lassen. **12 Kirschtomaten** waschen und halbieren. **½ Salatgurke** schälen, längs halbieren und in Scheiben schneiden. Alle Zutaten vorsichtig mit dem **Joghurt-Dressing (s. S. 30)** mischen. Dazu: **4–8 Hähnchen-Drumsticks** waschen, trocken tupfen, mit einer Mischung aus **2–3 EL Olivenöl, Salz, Pfeffer** und **edelsüßem Paprikapulver** marinieren und ca. 20–30 Min. in einer Grillpfanne oder auf dem heißen Grill unter mehrmaligem Wenden braten.

## Herbst – Fruchtiger Radicchiosalat

**1 Kopf Radicchiosalat** und **½ Radicchiosalat** putzen, in Streifen schneiden, waschen und trocken schleudern. Die Salate vorsichtig mit der **Vinaigrette (s. S. 30)** mischen. Dazu: In einer beschichteten Pfanne ohne Zugabe von Fett **2 EL grob gehackte Walnüsse** kurz anrösten und herausnehmen. **2 Birnen** schälen, Kerngehäuse entfernen, in Spalten schneiden und in der Pfanne mit **1 EL Butter** anbraten und mit **2 TL braunem Zucker** karamellisieren.

## Winter – Klassischer Feldsalat

**100 g Feldsalat** putzen, waschen und trocken schleudern. Mit dem **Kartoffel-Speck-Dressing (s. S. 30)** mischen. Dazu: **50 g Weißbrot** in Würfel schneiden, in einer Pfanne in **1 EL Butterschmalz** knusprig braten, **salzen** und herausnehmen. **4 große braune Champignons** putzen, in Scheiben schneiden und in der Pfanne mit **1 EL Butterschmalz** braten, mit Salz und **Pfeffer** würzen.

# Wurstsalat

**Für 4 Portionen**

200 g Lyoner oder Schinkenwurst
100 g würziger Bergkäse
(z. B. Greyerzer, Appenzeller)
6 EL Apfelessig
2 TL Senf
1 TL Meerrettich
2 Prisen Zucker
Salz, Pfeffer
6 EL Wasser
6 EL Pflanzenöl
2 Gewürzgurken
1 kleine Salatgurke (ca. 100 g)
2 Tomaten
2 Frühlingszwiebeln
1 Schalotte

1. Wurst und Käse in dünne Streifen schneiden. Für die Marinade Essig, Senf und Meerrettich glatt rühren und mit Zucker sowie Salz und Pfeffer abschmecken. Wasser zugießen und Öl langsam einrühren. Wurst und Käse vermischen, gut mit der Marinade vermengen und ca. 30 Min. ziehen lassen.

2. Gewürzgurken in dünne Scheiben schneiden. Salatgurke putzen, schälen, längs halbieren, mit einem Löffel die Kerne herauskratzen und das Fruchtfleisch klein würfeln. Tomaten waschen, Strünke entfernen und in Spalten schneiden. Frühlingszwiebeln putzen, waschen und in Ringe schneiden. Schalotte schälen, in dünne Ringe schneiden oder auf einer Küchenreibe fein hobeln.

3. Alle Zutaten unter den Wurstsalat mischen und nochmals abschmecken. Am besten schmeckt dazu gebuttertes Bauernbrot oder Baguette.

# Rindertatar

**Für 4 Portionen**

**600 g Rinderfilet oder Rindertatar**
**1 Schalotte**
**2 kleine Gewürzgurken**
**2 TL Kapern**
**2 Sardellenfilets**
**3 Stängel Petersilie**
**4 TL Tomatenketchup**
**1 Schuss Cognac**
**1–2 EL Sonnenblumenöl**
**1–2 Spritzer Tabasco, nach Geschmack**
**Salz, Pfeffer**
**1 kleine Zwiebel**

1. Rinderfilet waschen und trocken tupfen. Anschließend mit einem scharfen Messer in kleine Würfel schneiden oder durch die feine Scheibe eines Fleischwolfs drehen und kalt stellen.

2. Schalotte schälen und mit den Gewürzgurken in sehr kleine Würfel schneiden. Kapern abtropfen lassen, Sardellenfilets mit Wasser abspülen und alles klein hacken. Petersilie waschen, trocken schütteln, Blätter abzupfen und hacken.

3. Das Tatar mit den vorbereiteten Zutaten sowie Ketchup, Cognac, Sonnenblumenöl und Tabasco nach Geschmack gut vermengen. Kräftig mit Salz und Pfeffer würzen. Zwiebel schälen, in dünne Ringe schneiden und das Tatar damit belegen. Einfach lecker für auf die Hand auf einem frischen Brötchen oder wer es als Hauptgericht essen möchte, macht dazu noch die Bratkartoffeln von Seite 80.

### Kochprofi-Tipp
*Ist kein Fleischwolf vorhanden, kann man sich das Filet beim Metzger auch frisch durchdrehen lassen. Es muss dann aber am selben Tag zubereitet werden.*

# Noch mehr italienische Vorspeisenklassiker! (für 4 Portionen)

## Rindercarpaccio

**300 g Rinderfilet** waschen, trocken tupfen, eng in Klarsichtfolie rollen und ca. 30 Min. im Tiefkühler anfrieren lassen. Anschließend mit einem scharfen Messer oder einer Aufschnittmaschine das Filet in dünne Scheiben schneiden, portionsweise auf 4 mit **Olivenöl** bestrichene Klarsichtfolienstreifen geben, mit weiteren Folienstreifen bedecken und mit einem Plattiereisen oder einer Pfanne flach klopfen. Die obere Folie abziehen, jeweils auf einen Teller wenden und die letzte Folie abziehen. Mit **Salz** und **Pfeffer** würzen, mit **50 g gehobeltem Parmesan** bestreuen und **80 g geputzten und gewaschenen Rucolasalat** darauf anrichten. Den Salat mit einem Dressing aus **2 EL Olivenöl, 3 EL Balsamicoessig**, Salz und Pfeffer beträufeln.

## Pilzcarpaccio

**1 durchgepresste Knoblauchzehe** mit **1 TL Abrieb einer unbehandelten Zitrone, 2 TL Zitronensaft, 50 g Mayonnaise (s. S. 32), 1 TL scharfem Senf** und **2 EL Milch** glatt rühren. Mit **Salz** würzen. **350 g Kräuterseitlinge** putzen, längs in Scheiben schneiden und portionsweise in einer heißen Grillpfanne in etwas **Olivenöl** von jeder Seite ca. 1–2 Min. goldbraun braten. Mit Salz und **Pfeffer** würzen, auf Küchenpapier abtropfen lassen und auf Tellern anrichten. Mit der angerührten Mayonnaise beträufeln und mit **30 g gehobeltem Pecorino** sowie **2 EL gehacktem Estragon** bestreuen.

## Vitello tonnato

**400 g Kalbstafelspitz** mit **Salz** und **Pfeffer** würzen. In einer Pfanne in **2 EL Rapsöl** bei starker Hitze von allen Seiten gut anbraten. Ein Backblech mit Rapsöl bestreichen, jeweils **3 gewaschene Zweige Thymian** und **Rosmarin, 1 in Scheiben geschnittene Knoblauchzehe** und das Fleisch darauf legen. Im vorgeheizten Backofen bei 80 °C Ober- und Unterhitze ca. 90 Min. garen. Anschließend kalt stellen und zum Servieren in dünne Scheiben schneiden. Für die Sauce **1 Limette** auspressen und mit **1 Dose (185 g) Thunfisch im eigenen Saft, 2 EL Kapern, 4 Sardellenfilets** und **100 g Mayonnaise (s. S. 32)** in einem Mixer pürieren. Mit Salz, Pfeffer und **Limettensaft** abschmecken. Die Fleischscheiben auf Tellern verteilen, mit Salz und Pfeffer würzen und mit der Thunfischsauce beträufeln.

# Sushi

**Für jeweils ca. 16 Stück**

**Sushi-Reis**
250 g Sushi-Reis
2 EL Reisessig
2 EL Zucker
1 TL Salz

**Nigiri**
ca. 250 g frisches Fischfilet
in Sushi-Qualität (z. B. Lachs,
Thunfisch, Weißfische)
Wasabipaste

oder

**Maki**
2 Noriblätter
ca. 250 g frisches Fischfilet
in Sushi-Qualität (z. B. Lachs,
Thunfisch, Weißfische)
Wasabipaste

1. Reis in einer Schüssel mit kaltem Wasser waschen. Wasser abschütten und den Vorgang so lange wiederholen, bis das Wasser klar bleibt. Reis nach Packungsangabe zubereiten.

2. Reisessig mit Zucker und Salz in einem Topf einmal aufkochen und abkühlen lassen.

3. Gekochten Reis in eine Schüssel geben, die Sushi-Marinade, auch Sushi-Zu genannt, zugießen und mit einem Löffel untermischen. Keine Schüssel oder Löffel aus Metall verwenden, da der Geschmack beeinflusst werden könnte. Den Reis mit einem feuchten Tuch bedecken und ca. 10–15 Min. ziehen lassen. Der Reis sollte zur Bearbeitung noch lauwarm sein.

4. Für die Nigiri das Fischfilet quer zur Faser in ca. 16 dünne Scheiben schneiden. Die Hände mit Wasser leicht anfeuchten und von ca. 1 EL Reis ovale, längliche Stücke formen. Etwas Wasabipaste auf den Reis streichen, mit den Fischfiletscheiben belegen und leicht andrücken.

5. Für die Maki die Noriblätter der Länge nach halbieren. Die Fischfilets in ca. 2 cm dicke Streifen schneiden. Ein Noriblatt auf eine Sushimatte geben, zu zwei Dritteln ca. 1 cm dick mit Reis bestreichen, auf das untere Drittel je zwei Fischstreifen legen, diese dünn mit Wasabipaste bestreichen und mithilfe der Matte von der unteren Längsseite aufrollen. Leicht andrücken, die Enden gegebenenfalls abschneiden und in ca. 4 Stücke schneiden. Mit den übrigen Noriblättern genauso verfahren.

### Kochprofi-Tipp

*Für Sushi muss der rohe Fisch immer richtig frisch sein! Am besten an der Fischtheke nach Sushi-Qualität fragen und noch am selben Tag verarbeiten. Zum Sushi isst man traditionellerweise Sojasauce, Wasabipaste und eingelegten Ingwer. Dazu schmeckt ein Glas Sake.*

# Varianten (für ca. 16 Stück)

## Räucherfisch-Nigiri

200 g **Räucherlachs, -makrele** oder **geräucherte Forellenfilets** in längliche Stücke schneiden und die Nigiri damit belegen.

## Garnelen-Nigiri

**16 gekochte und geschälte Garnelen** von unten her aufschneiden, umklappen und die Nigiri damit belegen. Vorsicht, die Garnelen nicht ganz durchschneiden!

## Omelett-Nigiri

**2 Eier, 2 EL Sahne, Salz** und **Pfeffer** zu einem glatten Teig verrühren. Mit **1 TL Pflanzenöl** in einer heißen beschichteten Pfanne ca. 4–6 Min. stocken lassen. Herausnehmen, abkühlen lassen, in nigirigroße Rechtecke schneiden und die Nigiris damit belegen.

## Avocado-Lachs-Maki

Maki wie beschrieben mit **Lachsfilet** zubereiten und mit **½ geschälten und in Streifen geschnittenen Avocado** einrollen.

## Gurken-Mango-Maki

**¼ Gurke** schälen, halbieren, die Kerne mit einem Löffel herauskratzen und in Streifen schneiden. **¼ Mango** schälen und ebenfalls in Streifen schneiden. Zusammen mit den Gurkenstreifen einrollen.

## Tomaten-Bruschetta (für 4 Stück – Foto)

**2 große Scheiben Bruschettabrot** in einer beschichteten Pfanne ohne Zugabe von Fett von beiden Seiten rösten. **4–6 reife Tomaten**, je nach Größe, mit heißem Wasser überbrühen, häuten, Strünke herausschneiden, vierteln, Kerne entfernen und in Würfel schneiden. **4 Stängel Basilikum** waschen, trocken schütteln, Blättchen abzupfen und hacken. **1 große Knoblauchzehe** schälen. Tomatenwürfel mit Basilikum und **4 EL Olivenöl** mischen. Mit **Salz** und **Pfeffer** würzen. Die gerösteten Brotscheiben mit der Knoblauchzehe einreiben, halbieren und mit den Tomatenwürfeln belegen. Sofort genießen!

## Bohnencreme-Crostini (für 8 Stück)

**8 Scheiben Ciabatta** in einer beschichteten Pfanne ohne Zugabe von Fett von beiden Seiten rösten. **1 Dose (ca. 400 g) Cannellini-Bohnen** abtropfen lassen, **1–2 Knoblauchzehen** schälen und grob hacken. **2 Rosmarinzweige** waschen, trocken schütteln, Nadeln abzupfen und fein hacken. Alles mit **2 EL Olivenöl** und **1 EL Zitronensaft** pürieren und mit **Salz** abschmecken. Die Crostini mit etwas **Olivenöl** beträufeln, mit dem Bohnenpüree bestreichen und gleich servieren.

# Tramezzini (für jeweils 8 Dreiecke)

## Tramezzini mit Parmaschinken (Foto)

**2 Tomaten** waschen, Strünke entfernen und in Scheiben schneiden. **½ Bund Rucola** waschen und trocken schütteln. **150 g Pecorino** in Scheiben schneiden. 2 von **4 rechteckigen Scheiben Tramezzinibrot** mit den Tomaten, Käse, **4 Parmaschinkenscheiben** und Rucola belegen. Obenauf die 2 übrigen Brotscheiben legen, andrücken, halbieren und jeweils diagonal halbieren.

## Salami-Peperoni-Tramezzini

**4 rechteckige Scheiben Tramezzinibrot** mit **4 EL Ziegenfrischkäse** bestreichen. 2 Brotscheiben mit **100 g Salamischeiben** sowie **8 eingelegten Peperoni**, in Ringe geschnitten, belegen. Die übrigen 2 Brotscheiben darauf geben, andrücken, jeweils nochmals diagonal halbieren.

## Ei-Kresse-Sandwich

**4 hartgekochte Eier** pellen und hacken. Mit **4 EL Mayonnaise** (s. S. 32) und abgeschnittener **Kresse** von **1 Kästchen** verrühren, mit **Salz** und **Cayennepfeffer** würzen. 4 von 8 **Sandwichtoastscheiben** damit bestreichen, mit den 4 übrigen Scheiben belegen und diagonal halbieren.

### Kochprofi-Info

*Tramezzinibrot ist ein italienisches Weißbrot, das nach Belieben getoastet oder ungetoastet zu Sandwiches verarbeitet wird. Es ähnelt unserem Toastbrot, allerdings ist es feinporiger und ohne Rinde. Erhältlich ist es in gut sortierten oder italienischen Supermärkten. Für den Belag sind keine Grenzen gesetzt – erlaubt ist, was gefällt!*

# Zwiebelkuchen

**Für 1 rundes Backblech (Ø 28 cm)**

Quark-Öl-Teig (s. S. 43)
750 g Zwiebeln
2 EL Sonnenblumenöl
100 g Speckwürfel
½ TL gemahlener Kümmel
½ TL edelsüßes Paprikapulver
Muskatnuss
1 Prise Zucker
Salz, Pfeffer
Butter zum Einfetten
Weizenmehl zum Bearbeiten
2 Eier
150 g Schmand
100 ml Milch
2 gestr. EL Speisestärke

1. Den Quark-Öl-Teig wie beschrieben zubereiten.

2. Zwiebeln schälen, halbieren und in Streifen schneiden. In einer großen Pfanne das Sonnenblumenöl heiß werden lassen. Zwiebelstreifen darin portionsweise ca. 20 Min. anschwitzen. Dann die Speckwürfel zugeben und knusprig braten. Mit Kümmel, Paprika, frisch geriebener Muskatnuss, Zucker, Salz und Pfeffer würzen und abkühlen lassen.

3. Den Backofen auf 200 °C Ober- und Unterhitze vorheizen. Das runde Backblech mit Butter einfetten.

4. Den Teig auf einer leicht bemehlten Arbeitsfläche rund etwas größer als das Blech ausrollen. Den Teig so auslegen, dass auch der Rand bedeckt ist und mehrmals mit einer Gabel einstechen.

5. Für den Belag Eier, Schmand, Milch und Speisestärke verrühren. Mit Salz und Pfeffer würzen. Die Zwiebelmasse gleichmäßig auf dem Teig verteilen. Die Eiermasse vorsichtig darüber gießen und im Backofen auf dem Rost auf mittlerer Schiene ca. 40–45 Min. backen. Noch lauwarm servieren und mit einem Glas neuen Wein genießen!

## Kochprofi-Tipp

*Bunt wird es, wenn man ganz viele unterschiedliche Zwiebelsorten verwendet, z. B. Frühlingszwiebeln, rote Zwiebeln, Schalotten usw.*

# Spinat-Tarte

**Für 1 Spring- oder Quicheform (Ø 26 cm)**

**Teig**
Pikanter Mürbeteig (s. S. 43)
Butter zum Einfetten
Weizenmehl zum Bearbeiten

**Belag**
1 kg frischer Spinat
150 g Schalotten
2 Knoblauchzehen
2 EL Butter
Salz, Pfeffer
Muskatnuss
50 g Sultaninen oder Rosinen
3 EL Apfelsaft
60 g Pinienkerne

**Guss**
3 Eier
150 ml Sahne
200 g Schafskäse
je 1 Msp. Nelken-, Zimt-, Piment-, Koriander- und Ingwerpulver
½ TL Kreuzkümmelpulver
Salz, Pfeffer

1. Den pikanten Mürbeteig wie beschrieben zubereiten und kalt stellen.

2. Für den Belag den Spinat putzen, gründlich waschen und trocken schleudern. Schalotten und Knoblauch schälen und in kleine Würfel schneiden. In einem großen Topf die Butter zerlassen und die Schalotten- und Knoblauchwürfel glasig anschwitzen. Den Spinat zugeben und zugedeckt ca. 5 Min. bei geringer Temperatur unter gelegentlichem Rühren garen, bis die Flüssigkeit vollständig verdunstet ist. Mit Salz, Pfeffer und frisch geriebener Muskatnuss würzen.

3. Die Sultaninen oder Rosinen ca. 10 Min. in Apfelsaft einweichen. Die Pinienkerne in einer beschichteten Pfanne ohne Zugabe von Fett kurz rösten und mit den Sultaninen unter den Spinat mischen.

4. Für den Guss Eier und Sahne verquirlen. Den Schafskäse mit einer Gabel zerdrücken und zugeben. Mit allen Gewürzen abschmecken.

5. Den Backofen auf 200 °C Ober- und Unterhitze vorheizen. Die Form mit Backpapier auslegen und den Rand mit Butter einfetten. Den Mürbeteig auf einer leicht bemehlten Arbeitsfläche etwas größer als die Form rund ausrollen und so hineinlegen, dass auch der Rand bedeckt ist. Den Boden mit einer Gabel mehrmals einstechen. Im Backofen auf dem Rost auf mittlerer Schiene ca. 10 Min. vorbacken und herausnehmen.

6. Die Spinatmischung auf den Teigboden geben, die Schafskäse-Ei-Masse gleichmäßig darüber gießen. Die Tarte im Backofen auf dem Rost auf mittlerer Schiene ca. 25–30 Min. backen. Noch lauwarm servieren.

„Ich liebe Kartoffeln!"

# Dazu

**Gemüse**
**Pasta & Kartoffeln**
**Reis & Co.**

# Rohkostsalate (für 4 Portionen)

## Krautsalat mit Speck (Foto)

Von **½ Weißkohlkopf (ca. 500 g)** die äußeren Blätter entfernen, Strunk herausschneiden und den Kohl in feine Streifen schneiden oder hobeln. **1 Zwiebel** schälen und klein würfeln. Eine beschichtete Pfanne erhitzen und **150 g Speckwürfel** darin ohne Zugabe von Fett knusprig ausbraten, dann die Zwiebelwürfel zugeben und mitbraten. Anschließend abkühlen lassen. **100 ml Weißweinessig** und **100 ml Sonnenblumenöl** verrühren und mit **1 TL gemahlenem Kümmel, Salz, Pfeffer** sowie **1 EL Zucker** würzen. **½ Bund Petersilie** waschen, trocken schütteln, Blätter abzupfen und fein hacken. Speck- und Zwiebelwürfel, Dressing sowie Petersilie mit dem Kraut mischen, kräftig mit den Händen verkneten und mind. 2 Std. gut durchziehen lassen. Vor dem Essen nochmals abschmecken.

## Rotkrautsalat

**½ Rotkohlkopf (ca. 500 g)** putzen, waschen, den Strunk entfernen und in feine Streifen hobeln. Mit **Salz** und **Pfeffer** würzen. **3 EL Balsamicoessig** mit **1 EL braunem Zucker, ½ Zimtstange** und **2 Gewürznelken** erhitzen und abgedeckt ca. 5 Min. ziehen lassen. Gewürze entfernen und mit **2 EL Walnussöl** unter den Rotkohl mischen. Den Kohl kräftig mit den Händen verkneten und mind. 2 Std. ziehen lassen. **1 Apfel** waschen, vierteln, Kerngehäuse entfernen, in Würfel schneiden und untermischen. In einer Pfanne **4 EL gehackte Walnusskerne** mit **3 EL Ahornsirup** karamellisieren und herausnehmen. Rotkohlsalat nochmals abschmecken und mit Walnüssen bestreuen

## Möhren-Apfel-Salat

Für das Dressing **2 EL Sonnenblumenöl, 2 EL Apfelessig** und **2 EL Zitronensaft** verrühren. Mit **Salz** und **Pfeffer** würzen. **4 Möhren (ca. 400 g)** putzen, waschen und schälen. **2 Äpfel (ca. 250 g)** waschen, schälen, vierteln und Kerngehäuse entfernen. Möhren und Äpfel auf einer Küchenreibe grob raspeln. Mit dem Dressing vermischen und kurz ziehen lassen. Vor dem Essen **¼ Bund Kerbel** waschen, trocken schütteln, Blätter abzupfen, fein hacken und unter den Salat mischen. Nochmals abschmecken und servieren.

### Kochprofi-Tipp
*Die Salate lassen sich prima vorbereiten. Wenn sie über Nacht durchziehen, schmecken sie am nächsten Tag besonders gut.*

# Nudelsalate (für 4 Portionen)

## Pastasalat mit Tomaten (Foto)

**400 g Nudeln (z. B. Cellentani)** in reichlich kochendem **Salzwasser** nach Packungsanweisung bissfest garen, abgießen, kalt abschrecken und abtropfen lassen. **4 EL Zitronensaft, 1 EL Rotweinessig, 5 EL Olivenöl, je 1 TL Oregano- und Thymianblättchen** zu einer Marinade verrühren. Mit **Salz, Pfeffer** und **1 Prise Zucker** würzen. **150 g getrocknete Tomaten** in Streifen schneiden, unter die Marinade mischen und ca. 30 Min. ziehen lassen. **300 g Kirschtomaten** waschen und halbieren. **2 Knoblauchzehen** schälen und in dünne Scheiben schneiden. Die Marinade und die Nudeln in einer Salatschüssel miteinander vermischen, die Kirschtomaten unterheben. **1 EL Olivenöl** in einer Pfanne erhitzen, den Knoblauch darin bei mittlerer Hitze goldbraun braten und unter die Pasta mischen. **100 g jungen Pecorinokäse** in dünne Späne hobeln und über dem Salat verteilen.

## Nudelsalat

**4 Eier** hart kochen, abschrecken und abkühlen lassen, dann schälen und achteln. **250 g Spiralnudeln** in reichlich **Salzwasser** bissfest kochen. Kurz vor Ende der Garzeit **60 g tiefgefrorene Erbsen** mitkochen. Dann abschütten und mit kaltem Wasser abschrecken. **3 große Gewürzgurken** abtropfen lassen und klein würfeln. **4 Bockwürstchen** in Scheiben schneiden. **5 Stängel Petersilie** waschen, trocken schütteln, Blätter abzupfen und fein hacken. **150 g Naturjoghurt, 100 g Mayonnaise (s. S. 32), 1 TL Senf, Petersilie, Salz** und **Pfeffer** in einer Schüssel verrühren. Die Salatzutaten mit der Sauce mischen, gut durchziehen lassen und vor dem Essen nochmals abschmecken.

## Muschelnudelsalat mit Thunfisch und Mozzarella

**400 g Muschelnudeln (Conchiglioni)** in reichlich kochendem **Salzwasser** nach Packungsanweisung bissfest garen, abgießen, kalt abschrecken und abtropfen lassen. Mit **2 EL Olivenöl** in eine Salatschüssel geben. **500 g Tomaten** waschen, Strünke entfernen und klein würfeln. **1 Dose (185 g) Thunfisch im eigenen Saft** mit einer Gabel zerpflücken, **1 Kugel (125 g) Mozzarella** abtropfen lassen und klein würfeln. **20 entsteinte schwarze Oliven** halbieren. **1 Bund Basilikum** waschen, trocken schütteln und die Blätter klein zupfen. **1 Knoblauchzehe** schälen und fein hacken. Die vorbereiteten Zutaten mit **2 EL Olivenöl** unter die Nudeln mischen und mit **Salz** und **Pfeffer** abschmecken. Kurz durchziehen lassen, nochmals abschmecken und servieren.

# Ratatouille-Gemüse

**Für 4 Portionen**

1 Aubergine
1 Zucchini
je 1 rote, gelbe und grüne Paprikaschote
4 Tomaten
1 Zwiebel
2 Knoblauchzehen
2 Zweige Rosmarin
3 Zweige Thymian
4 EL Olivenöl
200 ml Gemüsebrühe (s. S. 14)
1 Lorbeerblatt
Salz, Pfeffer

1. Aubergine und Zucchini putzen, waschen und in Würfel schneiden. Paprikaschoten waschen, Kerne und weiße Innenhäute entfernen und die Schoten ebenfalls würfeln. Tomaten mit heißem Wasser überbrühen, häuten, Strünke entfernen und das Fruchtfleisch in Stücke schneiden. Zwiebel und Knoblauchzehen schälen und fein hacken. Rosmarin und Thymian waschen, trocken schütteln, Nadeln bzw. Blättchen abzupfen und fein hacken.

2. Die Gemüsewürfel in einem Topf im heißen Olivenöl entsprechend der Garzeit unter Rühren dünsten. Zwiebel und Knoblauch zugeben und kurz mitdünsten. Die Kräuter und das Lorbeerblatt hinzufügen.

3. Gemüsebrühe zugießen und aufkochen. Das Ratatouille je nach Größe der Gemüsewürfel ca. 15–20 Min. bei mittlerer Temperatur köcheln lassen.

4. Nach Ende der Garzeit das Lorbeerblatt entfernen und das Ratatouille mit Salz und Pfeffer abschmecken.

### Kochprofi-Tipp
*Wir lieben Ratatouille als Beilage zu gegrilltem Fleisch! Genial lecker!*

# Noch mehr Gemüse!

## Antipasti-Gemüse aus dem Ofen (für 4 Portionen)

**3 bunte Paprikaschoten** waschen, Kerne und weiße Innenhäute entfernen und grob würfeln. **2 Zucchini** putzen, waschen und in Scheiben schneiden. **3 rote Zwiebeln** schälen und in Spalten schneiden. **1 rote Chilischote** waschen, entkernen und in feine Ringe schneiden. **1 Knoblauchzehe** schälen und in Scheiben schneiden. Alles auf ein Blech mit Backpapier geben, mit **6 EL Olivenöl** vermengen und mit **Salz** würzen. Im vorgeheizten Backofen bei 200 °C Ober- und Unterhitze auf mittlerer Schiene ca. 10 Min. garen. **2 Zweige Rosmarin** waschen, trocken schütteln, Nadeln abzupfen und mit **200 g gewaschenen Kirschtomaten** unter das Gemüse mischen. Weitere 10 Min. garen. Das Gemüse noch warm mit **2 EL Balsamicoessig** beträufeln und mit **1 EL gehackter Petersilie** bestreuen.

# Rotkohlgemüse

**Für 4 Portionen**
**(Standzeit über Nacht)**

**1 kg Rotkohl**
**1 Zimtstange**
**2 Gewürznelken**
**1 Lorbeerblatt**
**2 Wacholderbeeren**
**1 TL weiße Pfefferkörner**
**100 g Apfelmus**
**2 EL flüssiger Honig**
**50 ml Weißweinessig**
**200 ml Rotwein**
**2 Zwiebeln**
**250 g Äpfel (z. B. Boskop)**
**1 EL Butterschmalz**
**Salz, Pfeffer**

1. Rotkohl vierteln, die äußeren Blätter und den Strunk entfernen, in feine Streifen hobeln oder schneiden.

2. Zimt, Nelken, Lorbeer, Wacholder und Pfeffer in einen Teefilter geben und mit Küchengarn zubinden. Rotkohl mit Apfelmus, Honig, Essig und Rotwein mischen und den Gewürzbeutel zugeben. Den Rotkohl abgedeckt über Nacht im Kühlschrank ziehen lassen.

3. Am nächsten Tag den Rotkohl in einem Sieb abtropfen lassen. Den Sud dabei auffangen. Die Zwiebeln schälen und fein würfeln. Die Äpfel waschen, schälen und das Fruchtfleisch grob würfeln. Butterschmalz in einem großen Topf erhitzen und die Zwiebelwürfel darin andünsten. Apfelwürfel zugeben und kurz mitdünsten. Rotkohl unterrühren. Mit dem Sud aufgießen und mit 1 TL Salz würzen.

4. Den Rotkohl einmal aufkochen lassen und abgedeckt bei geringer Temperatur ca. 30 Min. schmoren. Dann offen 15 Min. weiterköcheln, damit der Sud einkocht. Den Gewürzbeutel entfernen, und den Rotkohl mit Salz und Pfeffer abschmecken.

### Kochprofi-Tipp
*Fruchtiger wird's, wenn der Rotkohl mit Johannisbeer- bzw. Holunderbeersaft oder mit Preiselbeeren aus dem Glas verfeinert wird.*

# Krautalarm!

## Spitzkraut (für 4 Portionen)

Von **1 kleinen Spitzkohl (ca. 1 kg)** die äußeren Blätter entfernen, den Kopf halbieren, den Strunk herausschneiden und den Kohl in breite Streifen schneiden. **2 Zwiebeln** und **2 Knoblauchzehen** schälen und fein hacken. In einem Topf **2 EL Pflanzenöl** erhitzen. Zwiebeln und Knoblauch darin glasig dünsten und mit **2 EL Zucker** und **1 EL edelsüßem Paprikapulver** bestreuen. Unter Rühren **3 EL Weißweinessig** zugießen, das geschnittene Kraut untermischen und mitdünsten. Alles kräftig mit **Salz, Pfeffer** und **½ EL Kümmelpulver** würzen. **200 ml Gemüsebrühe (s. S. 14)** aufgießen, aufkochen und das Kraut abgedeckt bei geringer Temperatur ca. 40 Min. köcheln, bis es weich ist. Zum Schluss nochmals abschmecken.

## Vorbereitung

Die Aufbewahrung und die Vorbereitung können den Geschmack, die Konsistenz und das Aussehen der Gemüsesorten beeinflussen. Deshalb zügig arbeiten und es nicht allzu lange Luft, Wasser oder hohen Temperaturen aussetzen. Auch das Waschen sollte flugs erledigt sein, einfach die Gemüsesorten kurz unter fließendem Wasser reinigen.

Knoblauch

rote Zwiebel

Schalotte

weiße Zwiebel

## Kochen

Je schneller, desto besser! Gemüse sollte so kurz wie möglich gekocht werden, denn Gemüse mit Biss schmeckt nicht nur besser, es hat auch noch mehr Nährstoffe.
Neben Kochen ist auch mal Dämpfen angesagt! Es eignet sich besonders für leicht zerfallendes Gemüse wie Blumenkohl oder Brokkoli, das in einem Einsatz über dampfendem Wasser gegart wird.

## Aufbewahrung

Es gibt verschiedene Möglichkeiten, Gemüse aufzubewahren bzw. zu konservieren. Die häufigsten sind Kühlen, Gefrieren, Einwecken, Trocknen und Marinieren.
Generell gültig: Gemüse kühl und dunkel lagern! Am besten im Gemüsefach im Kühlschrank. Noch besser: ein kühler Kellerraum oder falls vorhanden, eine wohltemperierte Speisekammer. Dort lagern Kartoffeln und Zwiebeln am besten im Dunkeln. Tomaten dagegen mögen am liebsten Raumtemperatur, Kälte beeinträchtigt nämlich ihren Geschmack!

### Wichtig zu wissen!

Tomaten immer getrennt von anderen Gemüsesorten aufbewahren, denn sie setzen Ethylen frei, ein Gas, das andere Gemüse schneller reifen bzw. verderben lässt.
Bei Wurzel- und Knollengemüsen wie Karotten, Rote Bete oder Kohlrabi sollte man vorab das Grün abschneiden, da es Wasser entzieht und das Gemüse frühzeitig „schrumpeln" lässt.
Spargel, Rhabarber und Spinat bleiben länger frisch, wenn man sie, eingewickelt in ein feuchtes Tuch, im Kühlschrank im Gemüsefach aufbewahrt.

# Gemüse

# Nudelteig mit Ei

**Für 4 Portionen**

**300 g Weizenmehl**
**3 Eier**
**1 EL Olivenöl**
**Weizenmehl zum Bearbeiten**
**Salz**

1. Mehl in eine Schüssel sieben. Eier und Olivenöl zugeben.

2. Die Zutaten mit den Händen oder mit den Knethaken eines Handrührgeräts auf zunächst niedriger, dann auf höherer Einstellung zu einem glatten, geschmeidigen Teig verarbeiten. Danach den Teig mit den Händen zu einer Kugel formen und abgedeckt ca. 1 Std. ruhen lassen.

3. Teig auf einer leicht bemehlten Arbeitsfläche kurz kneten. Portionsweise mit einer Nudelmaschine ausrollen und mit dem Aufsatz der Nudelmaschine in die gewünschte Form schneiden.

4. Wenn keine Nudelmaschine vorhanden ist, die Arbeitsfläche mit etwas Mehl bestäuben und den Teig mit einer Teigrolle dünn ausrollen. Dann den Teig mit einem Teigrad oder Messer in die gewünschte Form schneiden.

5. Die Nudeln in einem Topf in ausreichend kochendem Salzwasser ca. 2–3 Min. bissfest kochen.

### Kochprofi-Tipp
*Pasta wie in Italien! Dazu verwendet man am besten italienisches Nudelmehl Tipo 00. Dieses Mehl ist besonders weich und macht den Nudelteig elastisch. Erhältlich ist es in gut sortierten oder italienischen Supermärkten.*

**Kochprofi-Tipp**
*Selbst gemachte Nudelteige benötigen kein Salz. Die Nudeln bekommen ihre Würze durch das Salzwasser beim Kochen. Also hier nicht ganz so sparsam sein!*

# Nudeln hausgemacht!

## Nudelteig ohne Ei (für 4 Portionen)

**180 g Hartweizengrieß** und **125 g Weizenmehl** in eine Schüssel geben. In die Mitte der Grieß-Mehl-Mischung eine Vertiefung drücken und **ca. 175 ml kaltes Wasser** in die Mulde gießen. Die Zutaten mit den Händen oder mit den Knethaken eines Handrührgeräts auf zunächst niedriger, dann auf höherer Einstellung zu einem glatten, geschmeidigen Teig verarbeiten. Mit den Händen zu einer Kugel formen und abgedeckt ca. 1 Std. ruhen lassen. Den Teig portionsweise mit einer Nudelmaschine ausrollen und mit dem Aufsatz der Nudelmaschine in die gewünschte Form schneiden. Wenn keine Nudelmaschine vorhanden ist, die Arbeitsfläche mit etwas **Mehl** bestäuben und den Teig mit einer Teigrolle dünn ausrollen. Dann den Teig mit einem Teigrad oder Messer in die gewünschte Form schneiden. Die Nudeln in einem Topf in ausreichend kochendem **Salzwasser** ca. 3 Min. kochen.

## Spätzleteig (für 4 Portionen)

**500 g Spätzlemehl** in eine Schüssel geben. **5 Eier, 1 gestrichenen TL Salz** und **180–250 ml kaltes Wasser** mit einem Kochlöffel oder mit einem Handrührgerät mit Rührbesen unterschlagen, bis der Teig Blasen wirft und langsam und zäh vom Löffel fließt, ohne zu reißen. Je nach Art der Zubereitung der Spätzle variiert die Wassermenge! Für die Spätzlepresse wird ein festerer Teig mit weniger Wasser benötigt als beim Schaben. Den Teig ca. 15 Min. ruhen lassen. Ausreichend Salzwasser in einem großen Topf aufkochen und den Teig portionsweise vom Brett hineinschaben bzw. mit einem Spätzle- oder Knöpflehobel hineinreiben oder aber mit einer Spätzlepresse hineindrücken. Einmal aufkochen lassen und die fertigen Spätzle mit einer Schaumkelle herausnehmen. Falls die Spätzle nicht sofort serviert werden, mit kaltem Wasser abschrecken und vor dem Servieren in einer Pfanne in etwas **Butter** schwenken. Stilecht noch mit in **Butter** gerösteten **Semmelbröseln** servieren.

# Maultaschen

**Für 4 Portionen**

**1 Brötchen**
**150 g tiefgefrorener Spinat**
**1 kleine Zwiebel**
**3 Frühlingszwiebeln**
**½ Bund Petersilie**
**100 g Speckwürfel**
**300 g gemischtes Hackfleisch**
**Salz, Pfeffer**
**500 g Nudelteig (s. S. 74, alternativ aus dem Kühlregal)**
**Weizenmehl zum Bearbeiten**
**1 Ei**

1. Brötchen in Wasser einweichen, gut ausdrücken und zerpflücken. Spinat auftauen lassen und sehr gut ausdrücken. Zwiebel schälen und in Würfel schneiden. Frühlingszwiebeln putzen, waschen und in Ringe schneiden. Petersilie waschen, trocken schütteln, Blätter abzupfen und hacken.

2. In einer Pfanne ohne Zugabe von Fett die Speckwürfel knusprig ausbraten. Zwiebel und Frühlingszwiebeln zugeben und im Speckfett anschwitzen. Alles auskühlen lassen.

3. Hackfleisch mit Spinat, Brötchen, Petersilie und dem ausgekühlten Pfanneninhalt vermischen. Kräftig mit Salz und Pfeffer würzen.

4. Den selbst gemachten Nudelteig leicht bemehlt auf einer Nudelmaschine dünn ausrollen. Beim fertigen Nudelteig diesen entrollen und der Länge nach halbieren. Die Teigbahnen gleichmäßig mit der Fleischmasse bestreichen, jedoch rundherum einen Rand von ca. 2 cm lassen. Die Ränder mit verquirltem Ei bestreichen und zuerst die untere Teighälfte zur Mitte hin und dann die obere über die untere Teighälfte klappen. Den Teigstrang ein wenig flach drücken und in Stücke schneiden. Die Ränder andrücken.

6. Die Maultaschen in reichlich siedendes Salzwasser geben und darin ca. 15 Min. gar ziehen lassen, bis sie an der Oberfläche schwimmen. Dann herausnehmen und sofort servieren oder in kaltem Wasser abschrecken und später verarbeiten.

# Füllungen satt!

## Pilz-Füllung

**300 g Champignons** putzen und fein hacken. **2 Schalotten** und **1 Knoblauchzehe** schälen und fein hacken. **1 Bund Petersilie** waschen, trocken schütteln, Blätter abzupfen und fein hacken. **2 EL Butter** in einer Pfanne erhitzen. Schalotten, Knoblauch, Petersilie und Champignons zugeben und dünsten. Mit **1 TL gehacktem Thymian, Salz** und **Pfeffer** abschmecken und so lange einkochen, bis die gesamte Flüssigkeit verdampft ist.

## Fleischfüllung

**100 g Schweinefleisch** und **100 g Hähnchenbrustfilet** in feine Würfel schneiden. **1 EL Butter** in einer Pfanne erhitzen und das Fleisch darin kräftig anbraten. **100 g rohen Schinken** und **50 g Mortadella** in einem Blitzhacker fein zerhacken oder klein schneiden. Zusammen mit **100 g frisch geriebenem Parmesan** und **1 Ei** unter die Fleischmasse mengen. Mit **Salz, Pfeffer** und **frisch geriebener Muskatnuss** abschmecken.

## Spinat-Ricotta-Füllung

**350 g frischen Spinat** putzen, waschen, trocken schleudern und bei geringer Temperatur in **2 EL Pflanzenöl** dünsten, bis die Blätter zusammenfallen. Gut abtropfen und auskühlen lassen, dann fein hacken. **250 g Ricotta** mit dem Spinat, **50 g frisch geriebenem Parmesan** sowie **1 Ei** gut vermengen. Mit **Salz, Pfeffer** und **frisch geriebener Muskatnuss** abschmecken.

# Salzkartoffeln (Foto)

**Für 4 Portionen**

**1 kg vorwiegend festkochende Kartoffeln
1 TL Salz**

1. Kartoffeln schälen, waschen und je nach Größe in gleichmäßig große Stücke schneiden.

2. In einen Topf geben, knapp mit Wasser bedecken und salzen. Abgedeckt aufkochen und bei niedriger Temperatur, je nach Größe der Stücke, ca. 20 Min. kochen.

3. Zur Garprobe mit der Messerspitze eines kleinen Küchenmessers vorsichtig in eine Kartoffel stechen. Lässt sich das Messer leicht wieder herausziehen, sind die Kartoffeln gar. Den Topfdeckel kippen und das Wasser abgießen. Die Kartoffeln heiß servieren.

## Pellkartoffeln (für 4 Portionen)

**1 kg festkochende Kartoffeln** gründlich waschen. Mit **1 TL Kümmelsamen** und **1 TL Salz** in einen Topf geben. Knapp zur Hälfte mit **Wasser** aufgießen. Abgedeckt aufkochen und bei niedriger Temperatur je nach Größe der Kartoffeln, ca. 25–30 Min. kochen. Zur Garprobe mit der Messerspitze eines kleinen Küchenmessers vorsichtig in eine Kartoffel stechen. Lässt sich das Messer leicht wieder herausziehen, sind die Kartoffeln gar. Wasser abgießen und Kümmel entfernen. Die heißen Kartoffeln zum Schälen mit einer Pellkartoffelgabel aufspießen oder die Kartoffeln etwas abkühlen lassen, damit man sie anfassen kann. Die Kartoffeln lassen sich besser schälen, wenn sie noch heiß sind.

## Gnocchi (für 4 Portionen)

**600 g mehligkochende Kartoffeln** waschen, schälen und wie oben beschrieben in **Salzwasser** weich kochen. Abgießen und ausdämpfen lassen. 500 g abwiegen und durch eine Kartoffelpresse drücken oder mit dem Kartoffelstampfer zerstampfen. Vollständig auskühlen lassen. Die abgekühlte Kartoffelmasse mit **80 g Hartweizengrieß, 60 g Speisestärke** und **2 Eigelb** vermischen, mit **Salz** und **frisch geriebener Muskatnuss** würzen. Auf einer mit **Mehl** bestäubten Arbeitsfläche zu einem glatten Teig verarbeiten und zu Strängen rollen. Haselnussgroße Stücke abschneiden und zu Gnocchi formen. Portionsweise in reichlich kochendes **Salzwasser** geben und darin ca. 4–5 Min. ziehen lassen. Mit einer Schaumkelle herausnehmen, abtropfen lassen, auf einen Teller mit etwas **Olivenöl** geben und abkühlen lassen. Besonders gut schmecken Gnocchi, wenn sie in einer Pfanne in etwas **Butter** gebraten werden.

# Lauwarmer Kartoffel-Speck-Salat (Foto)

**Für 4 Portionen**

1,5 kg festkochende Kartoffeln (z. B. Sorte Sieglinde)
Salz
1 Zwiebel
150 g Speckwürfel
3 EL Essig
500 ml Rinderbrühe (s. S. 16)
Pfeffer
1 TL Senf
1 Bund Schnittlauch

1. Kartoffeln waschen und ungeschält in ausreichend Salzwasser gar kochen. Abschütten, etwas abkühlen lassen, pellen und in ca. 0,5 cm dicke Scheiben schneiden.

2. Für das Dressing Zwiebel schälen und in kleine Würfel schneiden. Speckwürfel in einer Pfanne ohne Zugabe von Fett knusprig ausbraten, dann Zwiebelwürfel zugeben und mitbraten. Mit Essig ablöschen und Rinderbrühe zugießen. Mit Salz, Pfeffer und Senf würzen.

3. Das Dressing noch warm über die Kartoffelscheiben gießen.

4. Anschließend Schnittlauch waschen, trocken schütteln, in feine Röllchen schneiden und unterheben. Den Salat kurz durchziehen lassen, abschmecken und lauwarm genießen.

### Kochprofi-Tipp
*Dazu schmecken Wiener Würstchen oder auch Maultaschen (s. S. 76) als Beilage!*

# Kartoffelsalat mit Mayo (für 4 Portionen)

**1 kg festkochende Kartoffeln** waschen und ungeschält in ausreichend **Salzwasser** gar kochen. Abschütten, etwas abkühlen lassen, jedoch noch heiß pellen. Anschließend vollständig auskühlen lassen und in ca. 0,5 cm dicke Scheiben schneiden. **1 Zwiebel** schälen und in kleine Würfel schneiden. **100 g Gewürzgurken** ebenfalls würfeln. **2 hart gekochte Eier** schälen und grob hacken. **100 g Mayonnaise (s. S. 32)** mit **100 g saurer Sahne, 1 Schuss Essig** und **3 EL Gewürzgurkensud** verrühren. Mit **Salz** und **Pfeffer** abschmecken. Alle Salatzutaten miteinander vermischen. **4 Stängel Petersilie** waschen, trocken schütteln, Blätter abzupfen, fein hacken und über den Kartoffelsalat streuen. Am besten über Nacht durchziehen lassen und vor dem Essen nochmals abschmecken.

# Bratkartoffeln

**Für 4 Portionen**

**1 kg Pellkartoffeln (s. S. 78)**
**1 Zwiebel**
**2 EL Butterschmalz**
**Salz, Pfeffer**
**3 Stängel Petersilie**

1. Pellkartoffeln in ½ cm dicke Scheiben schneiden. Zwiebel schälen, halbieren und in dünne Streifen schneiden.

2. In einer Pfanne Butterschmalz heiß werden lassen. Die Kartoffelscheiben darin von einer Seite goldgelb braten. Zwiebelstreifen zugeben und kurz mitbraten. Mit Salz und Pfeffer würzen.

3. Die Kartoffeln mit einem Pfannenwender wenden und von der anderen Seite ebenfalls goldgelb braten. Nochmals mit Salz und Pfeffer würzen. Die Petersilie waschen, trocken schütteln, Blätter abzupfen und hacken. Vor dem Anrichten unter die Bratkartoffeln mischen. Passt gut zu Rahmspinat und Spiegelei.

### Kochprofi-Tipp
*Beim Braten von Bratkartoffeln nur nicht zu viel wenden, sonst zerfallen sie schnell. Wer es drauf hat, kann die Kartoffeln vorsichtig ab und an mal in der Pfanne durchschwenken.*

## Bratkartoffelsalat (für 4 Portionen)

Die Bratkartoffeln wie oben beschrieben zubereiten und auskühlen lassen. **2 Frühlingszwiebeln** putzen, waschen und fein hacken. Mit **150 ml Essig** und **1 EL Senf** vermengen, dann **100 ml Rapsöl** unterrühren und mit **Salz** sowie **Pfeffer** abschmecken. **1 Bund Schnittlauch** waschen, trocken schütteln und in Röllchen schneiden. Alles mit den Bratkartoffeln vermengen, kurz ziehen lassen und nochmals abschmecken.

# Kartoffelpüree

**Für 4 Portionen**

**800 g mehligkochende Kartoffeln**
**ca. 150 ml Milch**
**1 gehäufter EL Butter**
**Salz, Pfeffer**
**Muskatnuss**

1. Kartoffeln waschen, schälen und wie Salzkartoffeln (s. S. 78) garen. Die fertig gekochten Kartoffeln nach dem Abgießen im Topf auf die noch warme Herdplatte stellen und ausdampfen lassen. In einem weiteren Topf die Milch erwärmen. Kartoffeln durch eine Kartoffelpresse in die heiße Milch drücken oder mit einem Kartoffelstampfer zerstampfen und dabei die Milch zugießen.

2. Butter zugeben und die Kartoffelmasse gut durchrühren.

3. Mit Salz, Pfeffer und frisch geriebener Muskatnuss kräftig abschmecken. Dazu sind Bratwürstchen mit selbst gemachtem Rotkohl (s. S. 70) ein richtiges Festmahl!

### Kochprofi-Tipp
*Kartoffeln entweder pressen oder stampfen. Niemals pürieren! Denn sonst verkleistert die Stärke, dann wird das Püree klebrig und leimig.*

# Reibekuchen

**Für 4 Portionen**

2 EL Weizenmehl
2 Eier
1 kg vorwiegend festkochende Kartoffeln
2 kleine Zwiebeln
Salz, Pfeffer
Zucker
2–3 EL Butterschmalz oder Pflanzenöl

1. Mehl und Eier verrühren. Kartoffeln schälen, waschen und auf einer Küchenreibe grob raspeln.

2. Die Kartoffelraspel ausdrücken, am besten gelingt das in einem sauberen Küchenhandtuch, und zu der Mehl-Ei-Masse geben. Zwiebeln schälen, fein würfeln und ebenfalls zugeben. Die Reibekuchenmasse mit Salz, Pfeffer und 1 Prise Zucker abschmecken.

3. Butterschmalz oder Pflanzenöl in einer beschichteten Pfanne erhitzen und portionsweise kleine Reibekuchen von beiden Seiten goldbraun ausbacken. Falls nötig, erneut etwas Fett in die Pfanne geben. Die Reibekuchen auf Küchenpapier abtropfen lassen und im Backofen bei ca. 80 °C Ober- und Unterhitze warm halten, bis sie serviert werden.

**Kochprofi-Tipp**
*Reibekuchen schmecken nicht nur süß, sondern auch herzhaft besonders lecker! Einfach mal probieren mit Kräuter-Crème-fraîche und Räucherlachs.*

## Dazu passt schnelles Apfelkompott!

**2 Äpfel** waschen, Kerngehäuse entfernen und in grobe Stücke schneiden. Zusammen mit **1 EL Zitronensaft** in einen hohen Becher geben und mit einem Stabmixer pürieren. Schon ist das Apfelkompott fertig!

# Kartoffelgratin

**Für 4 Portionen**

1 kg vorwiegend
festkochende Kartoffeln
Butter für die Form
1 Knoblauchzehe
2 Zweige Thymian
1 Zweig Rosmarin
250 ml Sahne
250 ml Milch
Salz, Pfeffer
Muskatnuss
100 g Käse

1. Backofen auf 200 °C Ober- und Unterhitze vorheizen. Kartoffeln schälen, waschen und auf einer Küchenreibe in dünne Scheiben hobeln. Eine kleine Auflaufform mit Butter einfetten und Kartoffelscheiben darin schichten.

2. Knoblauch schälen und halbieren. Thymian und Rosmarin waschen und trocken schütteln. Sahne und Milch zusammen mit Knoblauch und Kräuterzweigen aufkochen und kräftig mit Salz, Pfeffer sowie frisch geriebener Muskatnuss würzen. Sahnemischung durch ein Sieb über die Kartoffeln gießen.

3. Käse frisch darüber reiben und im Backofen auf dem Rost auf mittlerer Schiene ca. 35–40 Min. backen.

4. Das fertige Gratin aus dem Backofen holen und sofort servieren.

### Kochprofi-Tipp
*Kartoffelgratin ist eine prima Resteverwertung! Es lässt sich nämlich auch einfach mit übriggebliebenen Pellkartoffeln herstellen und mit diversen Gemüsesorten der Saison kombinieren. Die Garzeit richtet sich dann nach dem jeweiligen Gemüse.*

# Semmelknödel

**Für 4 Portionen**

**250 g Brötchen vom Vortag**
**200 ml Milch**
**1 Zwiebel**
**1 Knoblauchzehe**
**½ Bund Petersilie**
**1 TL Butter**
**100 g Speckwürfel**
**2 Eier**
**Salz, Pfeffer**
**Muskatnuss**

1. Brötchen vom Vortag klein würfeln und in eine Schüssel geben.

2. Milch erwärmen und über die Brötchenwürfel gießen. Zwiebel und Knoblauch schälen und fein würfeln. Petersilie waschen, trocken schütteln, Blätter abzupfen und fein hacken. Butter in einem Topf zerlassen, Zwiebel und Knoblauch darin anschwitzen. Speckwürfel zugeben und mitanschwitzen. Zum Schluss die Petersilie untermischen und von der Kochstelle nehmen.

3. Die Eier und die Zwiebel-Speck-Masse mit den Brötchenwürfeln vermengen. Kräftig mit Salz, Pfeffer und frisch geriebener Muskatnuss würzen.

4. Aus der Masse gleich große Knödel formen. Einen ausreichend großen Topf mit reichlich Salzwasser zum Kochen bringen. Knödel zugeben und in dem leicht siedenden Wasser ca. 20–25 Min. gar ziehen lassen.

5. Sobald die Knödel an der Oberfläche schwimmen, sind sie gar. Mit einem Schaumlöffel herausnehmen und abtropfen lassen.

### Kochprofi-Tipp
*Ist man sich nicht sicher, ob die Masse hält, einfach einen Probeknödel formen und diesen im Salzwasser kochen. Ist die Masse zu feucht, einfach noch ein paar Semmelbrösel unterarbeiten.*

# Noch mehr Knödel!

## Serviettenknödel (für 6 Portionen)

Die Brötchenmasse wie beschrieben zubereiten, jedoch nicht zu Knödeln formen. Ein nasses, aber gut ausgewrungenes Geschirrtuch auf der Arbeitsfläche ausbreiten. Die Masse zu einer Rolle formen und locker in das Tuch wickeln. Die Seiten mit Küchengarn wie ein Bonbon fest zubinden. In einem großen Topf oder Bräter in ausreichend siedendem **Salzwasser** ca. 30 Min. garen. Dann auswickeln und mit einem dünnen scharfen Messer in Scheiben schneiden. Statt eines Küchentuchs kann man auch Frischhaltefolie und dann zur Stabilisierung Alufolie verwenden.

## Laugenknödel (für 4 Portionen)

Bei dieser Variante einfach die Brötchenmenge durch die gleiche Menge **Laugengebäck** austauschen und wie die Semmelknödel zubereiten. Die Knödel schmecken einfach genial zu einer Pilzrahmsauce.

# Risotto

**Für 4 Portionen**

**2 Schalotten**
**2 Knoblauchzehen**
**50 g Parmesan**
**2 EL Olivenöl**
**250 g Risottoreis**
**150 ml Weißwein**
**700 ml heiße Geflügelbrühe**
**(s. S. 17)**
**50 g Butter**
**Salz, Pfeffer**

1. Schalotten und Knoblauch schälen und fein würfeln. Parmesan reiben.

2. Olivenöl in einem großen Topf erhitzen, Schalotten und Knoblauch darin anschwitzen. Reis zufügen und unter Rühren glasig anschwitzen.

3. Mit Weißwein aufgießen und diesen bei niedriger Temperatur unter Rühren einkochen lassen. ¼ der heißen Geflügelbrühe zugießen und den Reis unter häufigem Rühren so lange garen, bis die Körner die Flüssigkeit fast vollständig aufgesogen haben.

4. Diesen Vorgang noch 3 Mal wiederholen, bis die Brühe aufgebraucht ist und die Reiskörner außen weich, jedoch innen noch leicht bissfest sind. Das dauert je nach Reissorte ca. 18–25 Min.

5. Zum Schluss Butter und Parmesan unterrühren. Kräftig mit Salz und Pfeffer abschmecken.

## Risotto milanese

½ **TL Safranfäden** oder **1 Messerspitze Safranpulver** in **700 ml heißer Geflügelbrühe** auflösen. Dann den Risotto wie beschrieben zubereiten.

## Graupenrisotto mit Erbsen (für 4 Portionen)

**150 g Graupen** ca. 1 Std. in warmem Wasser einweichen. **150 g tiefgefrorene Erbsen** mit kochendem Wasser überbrühen, abtropfen lassen und mit **2 EL Sahne** pürieren. Das Püree mit **Salz, Pfeffer** und **frisch geriebener Muskatnuss** abschmecken und durch ein Sieb streichen. Graupen gut abtropfen lassen. **2 Schalotten** schälen, sehr klein würfeln und in **1 EL Butter** glasig anschwitzen. Graupen zugeben, kurz mitanschwitzen, mit Salz, Pfeffer und frisch geriebener Muskatnuss abschmecken. Mit **100 ml Weißwein** ablöschen. Wenn der Wein eingekocht ist, **100 ml Gemüsebrühe (s. S. 14)** zugießen und unter Rühren einkochen lassen. Ist alles verdunstet, nochmal **100 ml Gemüsebrühe** zugießen und erneut einkochen. **200 g aufgetaute Erbsen** mit **1 EL Butter, 2 gehäuften EL Parmesan, ½ Bund gehacktem Kerbel** sowie dem Erbsenpüree unter den Risotto rühren und heiß werden lassen. Mit Salz und Pfeffer abschmecken.

# Reis-Pilaw

**Für 4 Portionen**

1 mittelgroße Zwiebel
1 großes Bund Minze
40 g Rosinen
200 g Tomaten
50 g Pinienkerne
3 EL Olivenöl
200 g Langkornreis
400 ml Gemüsebrühe (s. S. 14)
Salz, Pfeffer
150 g griechischer Joghurt (10 % Fett)
Zitronensaft, nach Geschmack
2 TL Tamarindenpaste

1. Zwiebel schälen und in feine Würfel schneiden. Minze waschen, trocken schütteln, Blätter abzupfen und fein hacken. Etwas gehackte Minze für die Deko beiseitestellen. Rosinen ebenfalls fein hacken. Tomaten mit kochendem Wasser überbrühen, häuten, Strünke entfernen und das Fruchtfleisch fein würfeln.

2. Pinienkerne in einer beschichteten Pfanne ohne Zugabe von Fett rösten und herausnehmen. In einem Topf 1 EL Olivenöl erhitzen und die Zwiebelwürfel darin glasig anschwitzen. Reis und Rosinen zugeben und unter Rühren mitanschwitzen.

3. Gemüsebrühe zugießen und einmal aufkochen. Abgedeckt bei geringer Temperatur ca. 15 Min., dann weitere 5 Min. ohne Deckel garen. Mit Salz und Pfeffer abschmecken.

4. Joghurt mit 1 Prise Salz und eventuell Zitronensaft abschmecken. Fertigen Reis mit einer Gabel auflockern und kurz vor dem Servieren Pinienkerne, Tomatenwürfel, gehackte Minze, Tamarindenpaste und das restliche Olivenöl unterheben. Den Reis-Pilaw auf Teller geben, mit einem Klecks Joghurt anrichten und mit Minzblättchen bestreuen. Dazu schmecken die Bifteki (s. S. 105).

## Kochprofi-Tipp
Für eine orientalische Note noch mit etwas Kreuzkümmel abschmecken. Wer es scharf mag, gibt noch etwas Harissa dazu.

# Tabouleh

**Für 4 Portionen**

200 g Bulgur (Instant)
650 ml Gemüsebrühe (s. S. 14)
1 Bund glatte Petersilie
1 Bund Minze
1 Knoblauchzehe
75 ml Zitronensaft
75 ml Olivenöl
½ Bund Frühlingszwiebeln
3 Tomaten
½ Salatgurke
1 rote Paprikaschote
Salz, Pfeffer

### Kochprofi-Tipp
*Für etwas mehr Süße noch 1–2 EL weiche Rosinen untermischen.*

1. Bulgur in ein Sieb geben, mit kaltem Wasser abspülen und zusammen mit der Gemüsebrühe in einen Topf geben. Aufkochen lassen und bei niedriger Temperatur ca. 7 Min. ohne Deckel garen. Anschließend Bulgur in einem Sieb abtropfen lassen.

2. Petersilie und Minze waschen, trocken schütteln, Blätter abzupfen und fein hacken. Knoblauch schälen und fein würfeln.

3. Zitronensaft, Öl und Knoblauch verrühren. Mit Bulgur und gehackten Kräutern gut mischen und ca. 1 Std. durchziehen lassen.

4. Frühlingszwiebeln putzen, waschen und in Ringe schneiden. Tomaten waschen und Strünke entfernen. Gurke waschen, eventuell schälen, längs halbieren, Kerne mit einem Löffel herauskratzen. Paprika waschen, Kerne und weiße Innenhäute entfernen. Das ganze Gemüse fein würfeln.

5. Unter den Bulgur mischen und den Salat mit Salz und Pfeffer kräftig abschmecken. Schmeckt toll zu Lammkarree (s. S. 117).

# Polenta – schnittfest

**Für 4 Portionen**

1 Knoblauchzehe
500 ml Gemüsebrühe (s. S. 14)
Salz
125 g Polenta (Instant)
Olivenöl
Pfeffer

1. Knoblauch schälen. Gemüsebrühe mit Knoblauch und 1 Prise Salz aufkochen.

2. Polenta unter ständigem Rühren zur kochenden Flüssigkeit geben. Bei niedriger Temperatur ca. 5 Min. quellen lassen.

3. Eine Auflaufform oder ein Backblech dünn mit Öl einstreichen und mit Frischhaltefolie auslegen. Die Polenta mit Salz und Pfeffer würzen und in die Auflaufform geben. Mit einem in Wasser getauchten Esslöffel oder Spachtel ca. 2 cm dick verstreichen. Dann auskühlen lassen.

4. Die kalte Polenta stürzen. Nach Geschmack in Kreise, Dreiecke, Rauten oder jede andere beliebige Form schneiden.

5. Jedes Polentastück dünn mit etwas Olivenöl einpinseln und in einer heißen beschichteten Pfanne oder in einer Grillpfanne ca. 3–5 Min. pro Seite braten.

### Kochprofi-Tipp
*Wer mag, kann die Polenta noch mit einem Stich Butter verfeinern. Gebratene Polenta passt besonders gut zu Schmorgerichten oder Geflügel.*

## Backen

Backe, backe Kuchen! Und nicht nur das. Auch Brote, Aufläufe oder krosse Krusten für Fleisch oder Fisch lassen sich im Backofen wunderbar herstellen. Das meist stärkehaltige Backgut wird unter Bräunung in trockener oder feuchter, heißer Luft gegart, die Temperatur liegt dabei zwischen 100 und 250 °C.

## Beizen

Nicht nur eine gute Methode, um Fleisch mürber zu machen, man verlängert auch Haltbarkeit und Frische! Man unterscheidet das nasse Beizen, wie zum Beispiel beim Sauerbraten, der in einer Marinade aus Essig, Wein, Suppengrün und Gewürzen über mehrere Tage eingelegt wird. Beim trockenen Beizen, wie für Fisch, verwendet man nur Salz und Gewürze.

## Blanchieren

Kurz und knackig! Gemüse (manchmal auch Obst) wird kurz (ca. 1 Min.) in kochendem Wasser angegart, sodass es noch Biss hat und vor allem die Farbe behält. Nach dem Blanchieren werden die Lebensmittel meist in Eiswasser abgeschreckt, damit sie nicht weiter garen. Dadurch bleiben Nährstoffe überwiegend erhalten und das Gemüse ist knackig und aromatisch.

## Braten

Braten ist eine Kunst, denn nicht selten sind Fleisch und Fisch „totgebraten"! Geflügel sollte wegen der Salmonellengefahr jedoch immer gut durchgegart sein. In einer Pfanne mit ein wenig Fett wird das jeweils gewünschte Bratgut bei mittlerer bis hoher Temperatur unter mehrmaligem Wenden zubereitet. Dabei entstehen Röstaromen, die den typischen Geschmack ergeben. Das Braten kann nicht nur auf dem Herd, sondern auch im Backofen oder auf dem Feuer beim Grillen erfolgen.

## Dämpfen

Fettfrei und vitaminschonend: Man nehme einen Topf, kocht darin etwas Wasser auf und stellt einen Dämpfeinsatz oder ein entsprechend großes Sieb mit Gemüse, Kartoffeln, Fisch oder Fleisch hinein. Achtung, nichts davon darf mit dem siedenden Wasser in Berührung kommen! Deckel zu und ab die Post!

## Dünsten

Weniger ist manchmal mehr! So werden speziell wasserreiche Lebensmittel wie Obst, Gemüse, Fisch und Geflügel besonders schmackhaft. Nur in wenig Fett oder Flüssigkeit, aber im eigenen Saft, bei niedriger bis mittlerer Temperatur gegart, bleiben viele Aromen und nebenbei auch noch Nährstoffe erhalten.

## Frittieren

Vorsicht heiß und fettig, aber so unglaublich lecker! Beim Ausbacken oder Frittieren wird das Frittiergut „schwimmend" im heißen Fett (max. 180 °C) ausgebacken. Wichtig ist, dass man immer nur kleinere Mengen nacheinander frittiert, damit die Temperatur konstant bleibt und sich z. B. Backfisch oder Tempura-Gemüse nicht mit Fett vollsaugen, sondern schön knusprig werden. Als Frittierfette eignen sich solche, die über einen hohen „Rauchpunkt" verfügen, wie Butterschmalz oder Pflanzenöle. Kaltgepresste, native Pflanzenöle sind ungeeignet.

### Grillen
Da lacht jedes Männerherz beim Anblick von rauchendem Feuer oder glühenden Kohlen! Über direkter oder indirekter Feuerglut werden Fleisch, Fisch, Geflügel, Gemüse und auch Käse auf einem Rost gegart, Töpfe und Pfannen bleiben dabei zuhause! Das Grillen gilt als eine der fettärmsten und schmackhaftesten Garmethoden, solange man das Grillgut nicht in ölhaltiger Marinade ertränkt oder auf dem Rost verbrennen lässt.

# Garmethoden

### Kochen
Fast immer wird „Kochen" als Überbegriff für alle Garmethoden verwendet, die mit Hitze zu tun haben, aber weit gefehlt! „Kochen" bedeutet eigentlich, ein Lebensmittel in und durch kochendes Wasser weich zu garen, wie z. B. Nudeln oder Reis.

### Schmoren
Wer auf kräftige und deftige Gerichte steht, wird schmoren, bis der Arzt kommt! Fleisch zuerst in einem Bräter kräftig in heißem Fett anbraten, damit die gewünschten Röstaromen entstehen. Anschließend je nach Rezept mit Brühe, Wasser oder Wein, Gewürzen, Kräutern und Suppengrün zugedeckt auf dem Herd oder im Backofen langsam über mehrere Stunden bei niedriger Temperatur garen.

### Sous-Vide
Ein Trend, der auch immer mehr ambitionierte Hobbyköche begeistert, weil's Spaß macht und schmeckt. Fisch, Fleisch oder Gemüse werden mit Kräutern, Gewürzen und etwas Öl in einem geeigneten Beutel vakuumiert. In einem niedrigtemperierten Wasserbad, je nach Lebensmittel bei ca. 50–90 °C, zieht das Ganze dann langsam gar. So werden Fleisch und Fisch besonders zart und superlecker!

### Tiefkühlen
Das Einfrieren von Lebensmitteln ist zwar keine Garmethode, haltbar werden die Lebensmittel dadurch trotzdem. Die Kälte stoppt das Wachstum der Mikroorganismen, die Temperatur sollte aber höchstens −18 °C betragen. Zum Einfrieren eignet sich fast alles: Backwaren, Fleisch, Wurst, Fisch, Geflügel, Gemüse, Obst. Besser ist das: Gemüse vor dem Einfrieren blanchieren. Wichtig ist auch eine luftdichte Verpackung.

# Mittendrin

## Fleisch & Geflügel
## Fisch & Vegetarisches
## Aus Ofen & Wok

# Flammkuchen

## Teig (für 2 Stück)

Backofen mit einem Backblech auf 250 °C Ober- und Unterhitze vorheizen. **250 g Weizenmehl, ½ TL Salz, ½ TL Zucker, 125 ml Bier und 50 ml Wasser** mit einem Handrührgerät mit Knethaken zu einem glatten Teig verkneten. In 2 Portionen teilen, auf einer mit etwas **Mehl** bestäubten Arbeitsfläche in der Größe des Backblechs rechteckig jeweils sehr dünn ausrollen und auf je einen Backpapierbogen legen. Mit den gewünschten Zutaten (siehe unten) belegen. Den Teig mit dem Backpapier auf das heiße Blech ziehen und im vorgeheizten Backofen im oberen Drittel ca. 8 Min. backen. Den zweiten Flammkuchen auf die gleiche Weise backen. Noch heiß servieren.

## Der Klassiker (Foto)

**200 g Crème fraîche** mit **Salz** und **Pfeffer** abschmecken, die Teigplatten gleichmäßig damit bestreichen und mit **150 g Speckwürfeln** sowie **150 g fein gehobelten Zwiebelstreifen** belegen.

## Der Rustikale

**200 g Crème fraîche** mit **Salz** und **Pfeffer** abschmecken, die Teigplatten gleichmäßig damit bestreichen, **150 g in Scheiben geschnittene Pilze** darauf verteilen und backen. Danach mit **150 g Wacholderschinkenstreifen, 50 g gehobeltem Bergkäse und 2 EL Schnittlauchröllchen** bestreuen.

## Der Süße (Foto)

**200 g Crème fraîche** mit **1 EL Calvados** und **2 Päckchen Bourbonvanillezucker** verrühren, nach Belieben mit **Zucker** nachsüßen. Die Teigplatten gleichmäßig damit bestreichen, mit **2 in feine Spalten geschnittenen Äpfeln** belegen. Nach dem Backen mit etwas **Zimtpulver** bestreuen und mit **Honig** oder **Schokoladensauce** beträufeln.

# Pizza (für 1 Backblech oder 2 runde Pizzableche – Foto)

Den **pikanten Hefeteig (s. S. 41)** zubereiten. Die **schnelle Tomatensauce (s. S. 25)** in der doppelten Menge herstellen. Nach Geschmack noch **1 EL frisch gezupfte Oreganoblättchen** unterrühren. Den Teig auf einer leicht mit **Mehl** bestäubten Arbeitsfläche entweder passend für das Backblech oder die Pizzableche ausrollen und darauf legen. Dünn mit der Tomatensauce bestreichen und mit den Lieblingszutaten belegen. Im vorgeheizten Backofen bei 200 °C Ober- und Unterhitze, je nach Größe, ca. 12–15 Min. backen.

# Calzone (für 4 Stück)

Aus dem **pikanten Hefeteig (s. S. 41)** 4 Teigkreise ausrollen, mit dem doppelt zubereiteten Rezept der **schnellen Tomatensauce (s. S. 25)** bestreichen, die Hälften nach Wunsch belegen und die andere Hälfte darüber klappen. Die Ränder gut zusammendrücken, mit **Olivenöl** bepinseln und im vorgeheizten Backofen bei 200 °C Ober- und Unterhitze ca. 15 Min. backen.

# Knoblauchbrotfladen

**3 geschälte Knoblauchzehen** hacken und mit **5 EL Olivenöl** in einem Mörser zerreiben. Den **pikanten Hefeteig (s. S. 41)** zu kleinen Fladen ausrollen, mit Knoblauchöl bestreichen, mit **Salz** und **Pfeffer** würzen und mit **3 EL gehackter, glatter Petersilie** bestreuen. Im vorgeheizten Backofen bei 200 °C Ober- und Unterhitze ca. 10–12 Min. backen.

# Lasagne

**Für 4 Portionen**

**Sauce Bolognese (s. S. 26)**
**Sauce Béchamel (s. S. 20)**
**Butter zum Einfetten**
**50 g Parmesan**
**12 Lasagneblätter**
**(ohne Vorkochen)**

1. Sauce Bolognese und Béchamel wie beschrieben zubereiten. Backofen auf 180 °C Ober- und Unterhitze vorheizen. Eine Auflaufform (ca. 20 × 30 cm) mit Butter einfetten. Parmesan reiben.

2. Den Boden der Auflaufform mit etwas Sauce Béchamel bestreichen und mit Lasagneblättern belegen. Die Blätter nicht übereinander legen, da diese Stellen sonst nicht durchgaren. Etwas Sauce Bolognese mit einem Löffel gleichmäßig auf die Lasagneblätter geben. Mit einigen Esslöffeln Sauce Béchamel beträufeln und wieder mit Lasagneblättern bedecken. Weiter einschichten, bis alle Zutaten verbraucht sind.

3. Die letzte Schicht gut mit Sauce Béchamel bedecken, damit auch die oberen Lasagneblätter weich werden. Mit dem geriebenen Parmesan bestreuen.

4. Im vorgeheizten Backofen ca. 30 Min. backen. Die Lasagne in Stücke schneiden und auf Tellern anrichten.

### Kochprofi-Tipp

*Lasagneblätter muss man nicht unbedingt vorkochen! Wichtig ist aber, dass die ungekochten Teigplatten gleichmäßig und reichlich mit Sauce Bolognese sowie Béchamel bedeckt sind, denn sie brauchen viel Flüssigkeit zum Garen.*

# Noch ein paar Veggie-Varianten!

## Gemüselasagne (für 4 Portionen)

**500 g gemischtes, frisches Gemüse** z. B. bunte **Paprikaschoten, Zucchini, Pilze, Spinat** und **Erbsen** putzen, waschen und klein schneiden. Das Gemüse in einer großen Pfanne mit **2 EL Olivenöl** kurz anschwitzen. Kräftig mit **Salz** und **Pfeffer** würzen. Die Lasagne wie links beschrieben mit **Sauce Béchamel (s. S. 20), Tomatensauce (s. S. 24)** und dem Gemüse einschichten. Mit **50 g geriebenem Käse** bestreuen und im vorgeheizten Backofen bei 180 °C Ober- und Unterhitze ca. 30 Min. backen.

## Kürbiscannelloni (für 4 Portionen)

**850 g Hokkaidokürbis** waschen, gegebenenfalls schälen, halbieren, die Kerne mit einem Löffel entfernen und das Kürbisfruchtfleisch auf einer Gemüsereibe grob raspeln. In einer beschichteten Pfanne ohne Zugabe von Fett **30 g Kürbiskerne** rösten, herausnehmen und grob hacken. In der Pfanne **2 EL Sonnenblumenöl** erhitzen, die Kürbisraspel mit **1 in Würfel geschnittenen Zwiebel** anschwitzen, herausnehmen und abkühlen lassen. **750 ml Sauce Béchamel (s. S. 20)** zubereiten. Die abgekühlte Kürbis-Zwiebel-Mischung mit **1 Bund in Röllchen geschnittenem Schnittlauch**, Kürbiskernen, **3 EL Semmelbrösel** und **400 g Ricotta** vermischen. Die Masse mit **Salz** und **Pfeffer** abschmecken, in einen Spritzbeutel geben und vorsichtig in **16 Cannelloni ohne Vorkochen** füllen. Etwas Sauce auf dem Boden der Auflaufform verteilen und die Cannelloni nebeneinander in die Form legen. Die restliche Sauce darüber gießen und mit **100 g geriebenem Käse** bestreuen. Im vorgeheizten Backofen bei 200 °C Ober- und Unterhitze ca. 25–30 Min. backen.

# Gefüllte Paprikaschoten

**Für 4 Portionen**

**4 Paprikaschoten
1 Zwiebel
1 Knoblauchzehe
½ Bund Petersilie
3 Zweige Thymian
1 Zweig Rosmarin
4 EL Olivenöl
250 gemischtes oder Rinderhackfleisch
1 Dose (425 g) stückige Tomaten
2 TL edelsüßes Paprikapulver
100 g gekochter Reis
Salz, Pfeffer**

1. Den Backofen auf 180 °C Ober- und Unterhitze vorheizen. Die Paprikaschoten waschen, die Oberseiten als Deckel abschneiden und Kerne sowie weiße Innenhäute entfernen. Zwiebel und Knoblauchzehe schälen und fein würfeln. Petersilie, Thymian und Rosmarin waschen, trocken schütteln, Blättchen bzw. Nadeln abzupfen und hacken.

2. In einer Pfanne 2 EL Olivenöl heiß werden lassen. Zwiebel- und Knoblauchwürfel darin anschwitzen. Hackfleisch zugeben und schön krümelig braten.

3. Tomaten, Paprikapulver, Kräuter und den gekochten Reis zugeben. Kräftig mit Salz und Pfeffer würzen.

4. Die Paprikaschoten in eine Auflaufform setzen. Die Hackfleisch-Reis-Masse hineinfüllen und den abgeschnittenen Deckel auflegen. Mit dem restlichen Olivenöl einpinseln und mit Salz und Pfeffer würzen.

5. Im vorgeheizten Backofen auf dem Rost im unteren Drittel ca. 50 Min. garen. Falls die Paprikaschoten zu dunkel werden, einfach mit Backpapier abdecken.

### Kochprofi-Tipp

*Gemüsetausch: Statt Paprikaschoten kann man auch Zucchini-, Auberginenhälften oder Champignons nehmen. Dazu das Gemüse etwas aushöhlen, das Fruchtfleisch hacken und zur Füllung geben. Achtung: Je nach Gemüse variieren die Garzeiten! Champignons benötigen ca. 15 Min., Zucchini ca. 20 Min. und Auberginen ca. 30 Min. im Backofen.*

# In Hülle und Fülle!

## Bulgur-Lammhack-Füllung

**125 g Bulgur** nach Packungsangabe zubereiten und abkühlen lassen. **40 g Cashewkerne** grob hacken, in einer Pfanne ohne Zugabe von Fett rösten und herausnehmen. In **2 EL heißem Olivenöl 400 g Lammhackfleisch** krümelig braten und mit Bulgur und Cashewkernen mischen. Mit **1 EL gehackten Minzblättchen**, **½ TL Kreuzkümmel-**, **½ TL Koriander-** und **1 TL Currypulver** würzen und mit **Salz** sowie **Pfeffer** abschmecken. Die Bulgur-Hack-Mischung in das gewünschte **Gemüse** füllen und im Backofen garen.

## Reis-Linsen-Feta-Füllung

**70 g Reis** und **70 g rote Linsen** mit **250 ml Gemüsebrühe (s. S. 14)** bei geringer Temperatur ca. 15–20 Min. weich kochen. **1 Stange Staudensellerie** putzen und waschen. **1 Möhre** und **1 Zwiebel** schälen. Das Gemüse in sehr kleine Würfel schneiden. Alle Zutaten mit **½ Bund gehackter Petersilie** und **150 g zerbröseltem Fetakäse** mischen. Mit **Salz** sowie **Pfeffer** abschmecken. Das gewünschte **Gemüse** damit füllen und im Backofen garen.

# Gemüse-Wok

**Für 4 Portionen**

200 g Zuckerschoten
2 Möhren
3 Frühlingszwiebeln
200 g Sojabohnensprossen
200 g Shiitake-Pilze
1 Knoblauchzehe
20 g Ingwerwurzel
2 EL Erdnussöl
3–4 EL Sojasauce
Pfeffer

1. Zuckerschoten waschen, die beiden Enden abschneiden und in der Mitte halbieren. Möhren putzen, waschen, schälen und längs in feine, gleichmäßige Streifen schneiden. Frühlingszwiebeln putzen, waschen und in Ringe schneiden. Sojabohnensprossen waschen und gut abtropfen lassen. Shiitake-Pilze putzen und in kleine Stücke schneiden. Knoblauchzehe schälen und in Scheiben schneiden. Ingwer schälen und in kleine Würfel schneiden oder hacken.

2. In einem Wok das Öl heiß werden lassen. Unter ständigem Wenden Möhrenstreifen darin anbraten, Knoblauch und Ingwer zugeben. Nacheinander Shiitake-Pilze, Zuckerschoten, Frühlingszwiebeln und Sprossen zugeben. Das Gemüse mit Sojasauce und Pfeffer würzen und unter ständigem Rühren bissfest garen. Wer auf Fleisch nicht verzichten mag, kann dazu einen Satay-Spieß servieren. Dazu gewaschene Hähnchenbrustfilets längs in Streifen schneiden und wellenförmig auf Holzspieße stecken. Mit Sojasauce marinieren und in einer Pfanne in etwas Pflanzenöl von beiden Seten braten.

### Kochprofi-Tipp

*Mutige können hier ein wenig mit unterschiedlichen Gemüsen experimentieren! Z. B. mit Pak Choi, Thai-Spargel, Blumenkohl und Brokkoli, Paprikaschoten, Bambussprossen und vieles mehr. Wer es nicht scharf genug haben kann, haut noch eine in feine Würfel geschnittene rote Chilischote in das Gericht. Für den nötigen Biss sorgen geröstete, gehackte Erdnüsse oder Cashewkerne, die zum Schluss darüber gestreut werden können.*

# Let's Wok! (für 4 Portionen)

## Schweinefleisch süß-sauer

3 EL passierte Tomaten mit 3 EL Reisessig, 2 EL flüssigem Honig und 2 EL Sojasauce gut verrühren. 500 g Schweinefilet in dünne Streifen schneiden, mit 3 EL Sojasauce marinieren, in Mehl wenden, überschüssiges Mehl abklopfen. 2 EL Pflanzenöl in einem Wok erhitzen, das Fleisch darin portionsweise ca. 3 Min. scharf anbraten und herausnehmen. 1 gehackte Knoblauchzehe, 20 g gehackte Ingwerwurzel, jeweils 1 in Streifen geschnittene Schalotte, Lauchstange und rote Paprikaschote sowie 1 kleine Dose (236 g) abgetropfte Ananasstücke zugeben und ca. 3 Min. braten. Marinade und Fleisch wieder zugeben und abschmecken.

## Knuspertofu-Wok

400 g Tofu in kleine Würfel schneiden und mit 2 EL geröstetem Sesamöl und 3 EL Sojasauce marinieren. Einen Wok ohne Fett heiß werden lassen, die Tofuwürfel darin knusprig braten und herausnehmen. Das Gemüse wie links beschrieben zubereiten. Zum Schluss die Tofuwürfel wieder zugeben und alles nochmals kräftig abschmecken.

## Kokos-Curry-Rindfleisch

400 g in Streifen geschnittenes Rinderfilet in 2 EL heißem Pflanzenöl in einem Wok kurz anbraten und herausnehmen. 2 EL Pflanzenöl heiß werden lassen. Darin jeweils 2 in Würfel geschnittene Zwiebeln und Paprikaschoten, 1 abgetropftes Glas Bambussprossen, 3 gehackte Knoblauchzehen, 20 g gehackte Ingwerwurzel mit 2 klein geschnittenen Zitronengrasstängeln anbraten. Je nach gewünschter Schärfe ½–1 TL gelbe Currypaste zugeben und mit 1 Dose (400 ml) Kokosmilch aufgießen. Das Fleisch wieder zugeben, heiß werden lassen und alles nochmals kräftig abschmecken.

### Kochprofi-Info

*Das Kochen im Wok – auch Pfannenrühren genannt – stammt aus der chinesischen Küche. Diese gewölbte Pfanne besteht aus Stahl, Aluguss, Gusseisen oder Kupfer. Ein Wok wird sehr heiß und eignet sich bestens für minutenschnelle, schonende Zubereitung von Speisen. Wichtig ist das ständige Rühren während des Garens. Wer keinen Wok zuhause hat, kann auch auf eine tiefe beschichtete Pfanne zurückgreifen.*

## Aufbewahrung

Frisches Fleisch, das möglichst beim Metzger des Vertrauens gekauft wurde, sollte zuhause aus der Verpackung genommen und auf einem Teller mit Frischhaltefolie abgedeckt bis zur Verarbeitung im Kühlschrank gelagert werden. Vakuumverpacktes bzw. eingeschweißtes Fleisch kann in der Verpackung im Kühlschrank aufbewahrt werden. Als „goldene Regel" gilt; je kleiner geschnitten das Fleisch, umso schneller muss es verarbeitet werden! Am besten am Tag des Einkaufs! Dies gilt also besonders für Hackfleisch, vor allem, wenn es sich um Tatar handelt, Geschnetzeltes und Gulasch.

Selbstverständlich lässt sich Fleisch auch bei –18 °C einfrieren. Die Dauer der Haltbarkeit hängt von dem jeweiligen Fleisch ab, ist z. B. der Fettanteil größer, so verkürzt sich die Haltbarkeit. Auch frische Wurst sollte nach dem Einkauf aus der Verpackung genommen und am besten in Frischhaltedosen im Kühlschrank aufbewahrt werden.

## Wichtig zu wissen!

Fleisch am besten mit einem Pfannenwender oder mit einer Zange drehen. Sticht man mit einer Fleischgabel hinein, tritt Fleischsaft aus, was in der Regel nicht so günstig ist, weil es den Geschmack beeinträchtigt.

## Einkauf

Je oller das Tier, desto weniger doller das Fleisch, weil zäh! Grundsätzlich sollte man das Fleisch seiner Wahl immer nach der Zubereitungsart im Rezept auswählen. Die Fleischfarbe verrät die Frische! Rindfleisch sollte leuchtend rot, Lamm hellrosa, Schweinefleisch rosa und Kalb je nach Alter des Kälbchens rosa bis hellrosa sein. Finger weg von schlaffem Fleisch mit ungewöhnlicher Färbung! Am besten ist, seinen Metzger zu kennen und den auch zu fragen, woher das Fleisch stammt.

## Garen

Fleisch kann durch das Garen zarter oder härter werden, je nach Dauer und Höhe der Gartemperatur. Ist es dem Fleisch zu heiß, verliert es an Geschmack, schrumpft zusammen, wird hart und trocknet aus. Größere Fleischstücke am besten im Backofen zubereiten. Garzeiten pauschal zu bestimmen, ist reichlich schwierig. Sie hängen zum einen von der Art, der Zerlegung und Größe und zum anderen von der Ausgangstemperatur ab. Einfach an das Kochprofi-Rezept halten, dann klappt es auch mit dem Zubereiten!

### Geflügel
Darunter versteht man alles an Hausgeflügelarten, also alles was Flügel hat – insbesondere Huhn und Hähnchen, aber auch Pute, Ente, Wachtel…!

### Einkauf
Beim Einkauf ein Muss: die Frischeprobe! Egal ob als Ganzes oder Filet, einfach per Fingerdruck durchführen. Es darf sich nicht weich und „schwabbelig", sondern muss sich schön fest anfühlen. Die Farbe des Fleischs sollte appetitlich rosa „fleischfarben" und nicht zu hell sein. Falls man auf tiefgefrorenes Geflügel zurückgreift, sollten keine weißen, trockenen Stellen (Gefrierbrand) erkennbar sein. Die Verpackung sollte unbeschädigt und nicht mit Reif überzogen sein.

# Fleisch & Geflügel

### Vorbereitung
Superwichtige Regel: Geflügel gründlich waschen! Auch nach der Zubereitung gut die Hände, alle Küchengeräte und Arbeitsflächen, die mit dem rohen Geflügel oder auch der Verpackung in Kontakt gekommen sind, gründlich mit heißem Wasser und Spülmittel reinigen. Besonders wichtig bei Schneidebrettern und Messern, bevor damit andere Lebensmittel verarbeitet werden. Tiefgefrorenes Geflügel am besten über Nacht im Kühlschrank auftauen, so bleibt das Fleisch nicht nur saftiger, es ist auch besser in Sachen Hygiene.

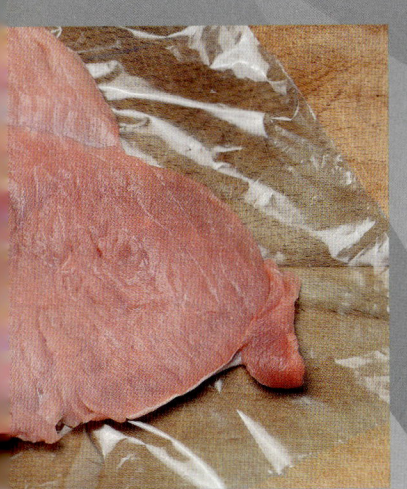

### Garen
Junges und zartes Geflügel wird meistens gebraten oder gegrillt, dadurch wird es schön knusprig und bleibt innen saftig. Ganzes oder auch die Teile wie Schenkel & Co. gart man am besten im Backofen. Ein Hinweis, ob es gar ist, zeigt der austretende Fleischsaft, wenn er nicht mehr rosa, sondern klar ist und am ganzen Hähnchen sich die Schenkel leicht lösen lassen.

# Frikadellen

**Für 6 Stück**

250 ml Milch
Muskatnuss
Salz, Pfeffer
100 g Brötchen vom Vortag
2 Zwiebeln
1 Knoblauchzehe
½ Bund glatte Petersilie
1–2 Stängel Majoran
3 EL Butterschmalz
100 g Speckwürfel
500 g gemischtes oder Rinderhackfleisch
edelsüßes Paprikapulver
2 TL Dijonsenf
2 Eier

1. In einem Topf die Milch erwärmen, mit frisch geriebener Muskatnuss, Salz und Pfeffer kräftig würzen. Brötchen etwas klein schneiden, mit der lauwarmen Milch übergießen und einige Minuten ziehen lassen. Zwiebeln und Knoblauch schälen und in feine Würfel schneiden. Petersilie und Majoran waschen, trocken schütteln, Blättchen abzupfen und fein hacken. In einer Pfanne 1 EL Butterschmalz erhitzen. Zwiebel- und Knoblauchwürfel mit dem Speck glasig anschwitzen.

2. Das Hackfleisch in eine Schüssel geben. Die gehackten Kräuter, Paprikapulver, Senf, Eier und Zwiebel-Speck-Masse zugeben.

3. Hackfleisch mit den Zutaten gründlich vermischen. Die eingeweichten Brötchen gut ausdrücken, zerpflücken und untermischen. Nochmals mit 1 gehäuften TL Salz und Pfeffer würzen.

4. Von der Hackfleischmasse gleich große Portionen abnehmen und mit in Wasser angefeuchteten Händen gleichmäßige Frikadellen formen.

5. In der Pfanne das restliche Butterschmalz erhitzen und die Frikadellen darin bei mittlerer Temperatur von beiden Seiten goldbraun braten.

### Kochprofi-Tipp
*Wer sich nicht sicher ist, ob die Frikadellen ausreichend gewürzt sind, einfach ein kleines Hackfleischklößchen braten und probieren. Falls nötig, die Fleischmasse nochmals nachwürzen.*

# Hackfleisch satt!

## Hackbraten (für 4 Portionen)

Man nehme die gleichen Zutaten und Mengen wie links beschrieben. Zusätzlich **2 kleine Möhren** und **3 Stangen Staudensellerie** putzen, waschen, schälen und in sehr kleine Würfel schneiden. Zusammen mit den Zwiebel- und Knoblauchwürfeln in **2 EL Pflanzenöl** anbraten und abgekühlt mit den weiteren Zutaten vermischen. Zu einem Laib formen, in eine mit **Butter** gefettete Kastenform geben und im vorgeheizten Backofen bei 180 °C Ober- und Unterhitze ca. 55 Min. garen.

## Bifteki (für 8 Stück)

Die Hackfleischmasse wie links beschrieben mit **1 Schuss Ouzo**, aber ohne eingeweichte Brötchen und Speckwürfel zubereiten. **150 g Feta** in Würfel schneiden. Die Hackmasse in 8 Portionen teilen, jede mit einigen Fetawürfeln füllen und zu länglichen Röllchen formen. Die Bifteki in einer Pfanne in **3 EL heißem Olivenöl** bei mittlerer Temperatur rundherum ca. 8–10 Min. braten.

## Cevapcici (für 20 Stück)

**500 g Rinderhackfleisch** mit **1 fein gewürfelten Zwiebel**, **2 fein gehackten Knoblauchzehen**, **1 TL Paprikapulver** und **1 TL gehackte Majoranblättchen** gut vermischen und mit **Salz** und **Pfeffer** würzen. Ca. 20 daumendicke längliche Röllchen formen und in einer beschichteten Pfanne in **3 EL heißem Pflanzenöl** portionsweise ca. 5–6 Min. braten.

# Hamburger

**Für 12 Stück**

- 4 Tomaten
- 4 Gewürzgurken
- 2 Zwiebeln
- 1,2 kg Rinderhackfleisch
- Salz, Pfeffer
- edelsüßes Paprikapulver
- 4 EL Sonnenblumenöl
- 4 EL Senf
- 4 EL Tomatenketchup
- 6 EL Mayonnaise (s. S. 32)
- 12 Salatblätter
- 12 Burger-Brötchen (selbst gemacht, s. Kochprofi-Tipp oder gekauft)
- 12 Scheiben Käse (z. B. Cheddar)

1. Tomaten waschen, Strünke entfernen und in Scheiben schneiden. Gurken ebenfalls in Scheiben schneiden. Zwiebeln schälen und in dünne Scheiben schneiden. Hackfleisch mit Salz, Pfeffer sowie Paprikapulver würzen und aus der Masse 12 flache Hamburger formen.

2. 2 EL Öl in einer beschichteten Grillpfanne erhitzen. Die Hamburger portionsweise von jeder Seite ca. 4–5 Min. braten, herausnehmen und warm halten. Die verbliebenen Hamburger in dem restlichen Öl auf die gleiche Weise zubereiten.

3. Senf und Ketchup verrühren. Die Burger-Brötchen aufschneiden, die Unterseite mit der Senf-Ketchup-Mischung und die Oberseite mit Mayonnaise bestreichen. Salatblätter waschen und trocken tupfen. Die untere Brötchenhälfte mit je einem Salatblatt sowie Tomaten- und Gurkenscheiben belegen. Frikadellen darauf geben, mit je einer Käsescheibe belegen, Zwiebelscheiben darüber verteilen und die Brötchenhälfte auflegen.

### Kochprofi-Tipp

*Burger-Brötchen selber machen! Den süßen Hefeteig (s. S. 40) ohne Zitronenabrieb, Vanillezucker und nur der Hälfte des Zuckers zubereiten. 12 Kugeln formen, etwas flach drücken und auf mit Backpapier belegte Backbleche legen. Mit einem Tuch abgedeckt ca. 30 Min. gehen lassen. Die Oberseite der Burger-Brötchen mit verquirltem Eigelb bestreichen, mit etwas geriebenem Käse und Sesamsaat bestreuen und nacheinander im Backofen bei 200 °C Ober- und Unterhitze auf mittlerer Schiene ca. 20 Min. backen.*

# Königsberger Klopse

**Für 4 Portionen**

**Klopse**
50 g Nudeln
Salz
2 Sardellenfilets
1 Zwiebel
1 Knoblauchzehe
1 EL Butter
500 g gemischtes Hackfleisch
1 Ei
1 EL gehackte glatte Petersilie
2 EL Semmelbrösel
Pfeffer

**Sauce**
100 g Champignons
1 Schalotte
1 EL Butter
50 ml Weißwein
250 ml Rinderbrühe (s. S. 16)
100 ml Sahne
1 EL Kapern
1 TL Senf
Salz, Pfeffer

1. Die Nudeln etwas länger als auf der Packung angegeben in ausreichend Salzwasser weich kochen, abschrecken und abtropfen lassen.

2. Die Sardellenfilets fein hacken. Zwiebel und Knoblauch schälen, in Würfel schneiden, in einer Pfanne in Butter glasig anschwitzen und abkühlen lassen. Das Hackfleisch mit Sardellenfilets, Ei, Petersilie und Semmelbröseln vermischen, mit Salz und Pfeffer würzen. Nudeln, Zwiebel und Knoblauch durch eine Kartoffelpresse drücken und ebenfalls gründlich mit dem Hackfleisch vermischen.

3. Für die Sauce die Champignons putzen und in Würfel schneiden. Die Schalotte schälen und in feine Würfel schneiden. Champignons und Schalotte in einem Topf in der Butter glasig anschwitzen und mit Weißwein ablöschen. Fast vollständig einkochen lassen. Mit Rinderbrühe und Sahne aufgießen, aufkochen und bei mittlerer Temperatur ca. 5 Min. einkochen. Mit Kapern, Senf, Salz und Pfeffer abschmecken.

4. Aus der Hackfleischmasse mit angefeuchteten Händen Klopse formen und in ausreichend siedendes Salzwasser geben, ca. 5 Min. darin ziehen lassen. Die Königsberger Klopse mit der Sauce auf Tellern anrichten und mit Reis oder Salzkartoffeln (s. S. 78) servieren.

### Kochprofi-Tipp
*Der Knüller an diesem Rezept sind die Nudeln. Sie machen die Klopse extrem luftig, ohne dabei den Eigengeschmack zu beeinflussen. Wem die Sauce zu dünnflüssig ist, kann sie noch mit etwas in kaltem Wasser angerührter Speisestärke zur gewünschten Konsistenz binden.*

# Wiener Schnitzel

**Für 4 Portionen**

**4 Kalbsschnitzel (à ca. 150 g)**
**Salz, Pfeffer**
**2 Eier**
**2 EL Sahne**
**Weizenmehl zum Wenden**
**Semmelbrösel zum Wenden**
**Butterschmalz zum Braten**

1. Die Schnitzel waschen, trocken tupfen, zwischen einen aufgeschnittenen Gefrierbeutel legen und mit einem Fleischklopfer oder dem Boden einer Bratpfanne flach klopfen. Das Fleisch anschließend von beiden Seiten salzen und pfeffern.

2. Die Eier mit der Sahne verquirlen. Eier-Sahne-Mischung, Mehl und Semmelbrösel jeweils in eine Auflaufform geben. Das Fleisch erst in Mehl wenden, überschüssiges Mehl etwas abklopfen, dann durch die Eiersahne ziehen und in den Semmelbröseln wenden.

3. Ausreichend Butterschmalz in einer großen Pfanne erhitzen. Erst wenn das Schmalz richtig heiß ist, die Schnitzel hineinlegen und bei mittlerer Temperatur von jeder Seite ca. 3–4 Min. goldgelb braten. Nicht am Fett sparen! Denn die Schnitzel müssen schwimmend ausgebacken werden, damit die Panade schön luftig wird. Zum Schluss einfach auf Küchenpapier abtropfen lassen.

### Kochprofi-Tipp

*Semmelbrösel am besten selbst machen aus getrockneten Brötchen oder mal beim Bäcker des Vertrauens nachfragen. Als Beilage passen viele leckere Kartoffelgerichte aus dem Dazu-Kapitel! Auch ein Schnitz Zitrone darf beim Wiener Schnitzel keinesfalls fehlen!*

# Schnitzel-Jagd eröffnet!

## Cordon bleu (für 4 Portionen)

**4 plattierte Schnitzel** mit **4 Scheiben gekochtem Schinken** und **4 Scheiben Käse** belegen, zusammenklappen und wie links beschrieben panieren. Bei mittlerer Temperatur von beiden Seiten ca. 6–8 Min. braten.

## Gemüseschnitzel (für 4 Portionen)

**4 große Knollenselleriescheiben** oder **8–12 Kohlrabischeiben** in ausreichend **Salzwasser** je nach Dicke ca. 2–5 Min. bissfest kochen, abkühlen lassen und trocken tupfen. Wie links beschrieben panieren und bei mittlerer Temperatur von beiden Seiten ca. 3–5 Min. braten.

# Gulasch

**Für 6 Portionen**

1 kg Rindfleisch (aus der Keule)
1 kg Zwiebeln
3 Knoblauchzehen
3 EL Butterschmalz
Salz, Pfeffer
edelsüßes Paprikapulver
1 EL Weizenmehl
1 EL Tomatenmark
1 EL Essig
500 ml Rotwein
1 l Rinderbrühe (s. S. 16)
1 Lorbeerblatt
1 Bund Suppengrün (Möhre, Lauch, Knollensellerie, Petersilie)
1 TL Zitronenabrieb
Kümmelpulver
1 EL gehackter Majoran
1–2 EL Speisestärke

1. Rindfleisch waschen, trocken tupfen und grob würfeln. Zwiebeln und Knoblauch schälen. Zwiebeln klein schneiden und Knoblauch fein hacken.

2. 2 EL Butterschmalz in einem Schmortopf oder Bräter erhitzen und das Fleisch darin portionsweise anbraten. Kräftig mit Salz, Pfeffer und Paprikapulver würzen. Wer's pikanter mag, nimmt rosenscharfes Paprikapulver. Mit Mehl bestäuben und herausnehmen.

3. Restliches Butterschmalz erhitzen, Zwiebeln und Knoblauch zugeben und anschwitzen.

4. Tomatenmark unterrühren, leicht anrösten, dann mit Essig ablöschen.

5. Mit Rotwein und Brühe auffüllen. Fleisch und Lorbeerblatt zugeben, aufkochen und abgedeckt bei geringer Hitze ca. 1½–2 Std. schmoren, bis das Fleisch weich ist.

6. In der Zwischenzeit das Suppengrün putzen, waschen, gegebenenfalls schälen, zusammenbinden und nach ca. 45 Min. zum Fleisch geben. Nach Ende der Kochzeit Suppengrün und Lorbeerblatt entfernen. Das Gulasch mit Salz, Pfeffer, Zitronenabrieb, Kümmel und Majoran abschmecken. Mit in etwas kaltem Wasser angerührter Speisestärke zur gewünschten Konsistenz binden. Dazu die Spätzle von Seite 75 oder die Semmelknödel von Seite 84 probieren.

### Kochprofi-Tipp

*Gulasch und Gulaschsuppe eignen sich sehr gut für Partys: Zutatenmengen vervielfachen und mit kräftigem Brot servieren. Den Rest einfach einfrieren! Und ganz wichtig: Das Fleisch unbedingt in kleinen Portionen anbraten, da es sonst Wasser zieht und zäh wird.*

# Noch mehr Gulasch!

## Szegediner Gulasch (für 6 Portionen)

Das Gulasch wie links beschrieben zubereiten, aber nur mit **250 g Zwiebeln** und ohne Suppengrün. 30 Min. vor Ende der Garzeit **750 g gut abgetropftes Sauerkraut** zugeben. Mit **100 g Crème fraîche** und **2 EL gehackter Petersilie** verfeinern und nochmals abschmecken.

## Gulaschsuppe (für 4 Portionen)

**2 EL Butterschmalz** in einem Topf erhitzen und **750 g klein gewürfeltes gemischtes Schweine- und Rindergulasch** portionsweise von allen Seiten scharf anbraten. Mit **Salz** und **Pfeffer** würzen und herausnehmen. **1 EL Butterschmalz** in den Topf geben, **4 gewürfelte Zwiebeln, 1 gehackte Knoblauchzehe, 4 große gewürfelte Kartoffeln** und **2 gewürfelte rote Paprikaschoten** darin anschwitzen. **2 EL Tomatenmark** und **1 EL edelsüßes Paprikapulver** zugeben und kurz mitanschwitzen. Mit **1,5 l Rinderbrühe (s. S. 16)** aufgießen, aufkochen und bei niedriger Temperatur ca. 1 Std. köcheln lassen, bis das Fleisch weich ist. Mit Salz und Pfeffer abschmecken. Je nach gewünschter Konsistenz die Gulaschsuppe noch mit etwas in kaltem Wasser angerührter **Speisestärke** abbinden. Und wer's scharf liebt, gibt etwas **Cayennepfeffer** oder **einige Tropfen Tabasco** dazu!

Mittendrin · 111

# Rinderrouladen

**Für 4 Portionen**

**3 Zwiebeln**
**4 Cornichons**
**1 Bund Suppengrün (Möhre, Lauch, Knollensellerie, Petersilie)**
**4 Rinderrouladen (à ca. 150 g)**
**Salz, Pfeffer**
**2 EL Senf**
**8 Scheiben Frühstücksspeck**
**2 EL Butterschmalz**
**200 ml Rotwein**
**600 ml Rinderbrühe (s. S. 16)**
**1–2 TL Speisestärke**

1. 2 Zwiebeln schälen, halbieren und in Streifen schneiden. Cornichons ebenfalls in Streifen schneiden. Suppengrün putzen, waschen, Sellerie, Möhre und restliche Zwiebel schälen und alles klein schneiden.

2. Rinderrouladen waschen, trocken tupfen und gegebenenfalls zwischen einem aufgeschnittenen Gefrierbeutel mit dem Boden einer Bratpfanne etwas dünner klopfen. Mit Salz und Pfeffer würzen. Auf einer Seite mit Senf bestreichen, mit jeweils zwei Speckscheiben, Zwiebel- und Cornichonstreifen belegen. Jeweils die beiden Längsseiten der Fleischscheiben einklappen, zu Rouladen aufrollen und mit Küchengarn binden.

3. Butterschmalz in einem Bräter zerlassen und die Rouladen darin rundherum scharf anbraten. Suppengrün und Zwiebeln zugeben, kurz braten, salzen und pfeffern. Rotwein sowie Brühe zugießen, aufkochen und bei niedriger Temperatur abgedeckt ca. 1½ Std. schmoren, bis das Fleisch schön zart ist.

4. Rouladen herausnehmen. Sauce durch ein Sieb gießen und etwas einkochen lassen. Speisestärke in etwas kaltem Wasser anrühren, zugeben, aufkochen und zur gewünschten Konsistenz binden. Rouladen wieder in die Sauce geben und heiß werden lassen. Mit Rotkohl (s. S. 70) und Salzkartoffeln (s. S. 78) servieren.

## Kochprofi-Tipp
*Wer mag, kann das Gemüse auch in der Sauce pürieren, so wird sie besonders sämig. So spart man sich das Binden mit der Speisestärke.*

# Gerollt wie in Bella Italia!

## Involtini (für 4 Portionen)

Für die Füllung **50 g gehackte grüne Oliven, 2 in Röllchen geschnittene Frühlingszwiebeln, 2 gehackte Knoblauchzehen, 1 gehackte rote Chilischote, 2 EL gehackte Petersilie** und **100 g geriebenen Parmesan** vermischen und mit **Salz** und **Pfeffer** würzen. **8 dünne Hähnchen- oder Kalbsschnitzel (à ca. 80 g)** mit der Masse bestreichen, die beiden Längsseiten der Fleischscheiben einklappen, aufrollen und mit Zahnstochern feststecken. Mit Salz und Pfeffer würzen und in **Mehl** wenden, überschüssiges Mehl abklopfen. In einer großen Pfanne in **3 EL Olivenöl** rundherum anbraten, mit **150 ml Weißwein** ablöschen und abgedeckt ca. 10 Min. schmoren. Die Sauce mit **2 EL Zitronensaft, 1 EL gehackter Petersilie,** Salz und **Cayennepfeffer** abschmecken. Mit gebratener Polenta (s. S. 89) servieren.

# Sauerbraten

**Für 4 Portionen**
**(Standzeit 3–4 Tage)**

**Marinade**
2 Zwiebeln
2 Knoblauchzehen
1 Möhre
100 g Staudensellerie
2 Zweige Thymian
1 Flasche Rotwein (750 ml)
100 ml Rotweinessig
1 EL weiße Pfefferkörner
1 EL Senfkörner
1 EL Wacholderbeeren
2 Lorbeerblätter
1 Gewürznelke

**Braten**
1 kg Rindfleisch (aus der Keule)
2 EL Butterschmalz
Salz, Pfeffer
1 EL Tomatenmark
2 EL Zuckerrübensirup
evtl. 1–2 TL Speisestärke

1. Zwiebeln und Knoblauch schälen und fein hacken. Möhre und Sellerie putzen, waschen, Möhre schälen und beides in Würfel schneiden. Thymian waschen und trocken schütteln. In einem großen Topf alle Zutaten für die Marinade miteinander vermischen.

2. Fleisch waschen, trocken tupfen und in die Marinade geben. Abgedeckt ca. 3–4 Tage im Kühlschrank ziehen lassen. Mehrmals wenden. Dann das Fleisch herausnehmen, die Marinade durch ein Sieb gießen und die Flüssigkeit auffangen. Gemüse und Gewürze, die zurückbleiben, beiseitestellen.

3. In einem großen Topf oder Bräter Butterschmalz zerlassen und das Fleisch darin von allen Seiten scharf anbraten. Anschließend salzen und pfeffern, das Fleisch herausnehmen. Gemüse und Gewürze aus der Marinade zugeben und ebenfalls kräftig anbraten. Tomatenmark und Zuckerrübensirup zugeben und anrösten. Die aufgefangene Marinadenflüssigkeit unter Rühren wieder zugießen und das Fleisch zurück in die Flüssigkeit legen. Aufkochen und bei niedriger Temperatur abgedeckt ca. 1½–2 Std. köcheln lassen. Der Braten ist weich geschmort, wenn man mit einer Fleischgabel hineinsticht und das Fleisch problemlos von der Gabel rutscht.

4. Das Fleisch herausnehmen. Sauce durch ein Sieb gießen, erneut aufkochen, auf die gewünschte Konsistenz einkochen oder mit in etwas kaltem Wasser angerührter Speisestärke zur gewünschten Konsistenz binden, dann nochmals abschmecken. Den Braten in Scheiben schneiden, in die Sauce zurückgeben und wieder heiß werden lassen. Mit Knödeln und Rotkohl (s. S. 70) servieren.

### Kochprofi-Tipp
*Für die rheinische Variante noch 50 g Rosinen und 75 g zerbröselten Pumpernickel in die fertige Sauce geben, nochmals ca. 2 Min. köcheln lassen, mit Salz und Pfeffer abschmecken. Durch die Zugabe von Pumpernickel spart man sich die Speisestärke.*

# Krustenbraten

**Für 6 Portionen**
**(Standzeit über Nacht)**

1,5 kg Schweinekrustenbraten
2 Knoblauchzehen
1 TL gemahlener Kümmel
Salz
2 Möhren
¼ Knollensellerie
2 Zwiebeln
1 Stange Lauch
5 Zweige Thymian
1 l dunkles Bier
1–2 TL Speisestärke, nach Belieben

1. Fleisch waschen und trocken tupfen. Die Schwarte mit einem sehr scharfen Messer im Abstand von 1 cm einritzen. Vorsicht, nicht das Fleisch einschneiden! Die Schwarte mit Küchenpapier gut trocken tupfen. Knoblauchzehen schälen und durch die Knoblauchpresse drücken. Die Schwarte mit dem Knoblauch, Kümmel und besonders gründlich mit Salz einreiben, so wird sie krosser. Über Nacht im Kühlschrank ruhen lassen.

2. Den Backofen auf 230 °C Ober- und Unterhitze vorheizen. Möhren, Knollensellerie und Zwiebeln schälen und in grobe Würfel schneiden. Lauch putzen, waschen und in Ringe schneiden. Thymian waschen und trocken schütteln. Zusammen mit dem Gemüse in einem entsprechend großen Bräter verteilen, den Braten mit der Kruste nach oben hineinlegen und mit Bier angießen. Im Backofen auf dem Rost auf der mittleren Schiene ca. 20 Min. braten, dann die Temperatur auf 180 °C schalten und weitere 2½ Std. garen. Alle 30 Min. den Braten mit der Flüssigkeit übergießen, damit eine schöne dunkle Kruste entsteht.

3. Den Braten herausnehmen, warm stellen und ruhen lassen. Den Sud durch ein Sieb gießen, nach Belieben mit in etwas kaltem Wasser angerührter Speisestärke zur gewünschten Konsistenz binden. Den Krustenbraten mit Sauerkraut und Semmelknödeln (s. S. 84) servieren.

### Kochprofi-Tipp
*Ist die Schwarte zum Einschneiden zu feucht und weich, den Braten trocken tupfen und einige Stunden nicht abgedeckt in den Kühlschrank stellen. So lässt sich die Schwarte leichter einschneiden und wird beim Braten knuspriger.*

# Rumpsteaks

**4 Rumpsteaks (à ca. 180 g)** waschen und trocken tupfen. Fettränder gegebenenfalls mit einem Messer senkrecht einschneiden, damit sich das Rumpsteak beim Braten nicht wölbt. In einer Grillpfanne **2 EL Butterschmalz** erhitzen. Die Steaks darin von beiden Seiten ca. 30 Sek. scharf anbraten. Die Hitze reduzieren und unter mehrmaligem Wenden bei niedriger Temperatur von beiden Seiten ca. 3 Min. braten. Mit **Salz** und **Pfeffer** von beiden Seiten würzen. Dazu schmecken die selbst gemachten Pommes frites von Seite 33.

### Kochprofi-Tipp

*Mit dem Finger oder einem Thermometer testen, wie weit das Fleisch durchgebraten ist. Gibt das Steak nach ca. 1–2 Min. Bratzeit stark nach und fühlt sich weich an, ist es noch blutig („englisch", „rare" oder „saignant", die Kerntemperatur beträgt ca. 55 °C). Gibt das Fleisch nach ca. 3 Min. leicht nach, ist es rosa („medium" oder „à point", Kerntemperatur ca. 65 °C). Durchgegart ist das Fleisch, wenn es sich nach ca. 5 Min. fest anfühlt („well done" oder „bien cuit", Kerntemperatur ca. 75 °C).*

### Finger-Trick

*Um eine Vorstellung zu bekommen, was „weich" oder „fest" heißt, Daumen- und Zeigefingerspitze der linken Hand mit leichtem Druck zusammenpressen. Nun mit dem Mittelfinger der rechten Hand gegen die Mitte des linken Ballens drücken. So fühlt sich das Steak an, wenn es roh ist.*
*Daumen gegen Mittelfinger = Härte des Ballens entspricht der Härte eines blutigen Steaks.*
*Daumen gegen Ringfinger = Ballen entspricht einem Steak, das innen noch rosa ist.*
*Daumen gegen kleinen Finger = Ballen entspricht einem durchgegarten Steak.*

blutig/rare

# Noch mehr Kurzgebratenes!

### Lammkarrees (für 4 Portionen)

**2 Lammkarrees mit Rippenknochen (à ca. 500 g)** waschen und trocken tupfen. In einer Marinade aus **100 ml Olivenöl, 1 TL Zitronenabrieb, 1 gehackten Knoblauchzehe, 2 gehackten Rosmarinzweigen** ca. 2–3 Std. marinieren. Karrees aus der Marinade nehmen, abtropfen lassen. In einem Bräter in **2 EL heißem Butterschmalz** von beiden Seiten scharf anbraten, dann mit **Salz** und **Pfeffer** würzen. Im Backofen bei 100 °C Ober- und Unterhitze ca. 25–30 Min. rosa braten.

### Entenbrustfilets (für 4 Portionen)

**2 Entenbrustfilets (à ca. 300 g)** waschen, trocken tupfen und die Fettschicht mit einem scharfen Messer kreuzweise einschneiden. Mit **Salz** und **Pfeffer** würzen. Auf der Hautseite in eine kalte Pfanne geben und bei hoher Temperatur ca. 4–5 Min. anbraten, sodass das Fett aus der Haut ausgebacken wird, anschließend wenden und nur ganz kurz auf der Fleischseite anbraten. Im vorgeheizten Backofen bei 150 °C Ober- und Unterhitze ca. 6–12 Min., je nach Größe, rosa braten. Bis zum Servieren in Alufolie gewickelt ruhen lassen.

rosa/medium

durchgegart/well done

# Puten-Rahmgeschnetzeltes

**Für 4 Portionen**

- 500 g Putenschnitzel
- 2 Möhren
- 3 Schalotten
- 4 Stängel Petersilie
- 2 EL Butterschmalz
- Salz, Pfeffer
- 200 ml trockener Weißwein
- 200 ml Geflügel- oder Rinderbrühe (s. S. 16/17)
- 200 ml Sahne
- 1–2 TL Speisestärke

1. Putenschnitzel waschen, trocken tupfen und in Streifen schneiden. Möhren schälen und in dünne Stifte schneiden. Schalotten schälen und klein würfeln. Petersilie waschen, trocken schütteln, die Blätter abzupfen und hacken.

2. Butterschmalz in einer Pfanne zerlassen und die Fleischstreifen bei hoher Temperatur unter Rühren ca. 3 Min. rundherum braten. Dann mit Salz und Pfeffer würzen, herausnehmen und warm halten. Möhrenstifte und Schalottenwürfel in die Pfanne geben und anschwitzen. Salzen, pfeffern, herausnehmen und beiseitestellen.

3. Wein, Brühe und Sahne in die Pfanne gießen, aufkochen und anschließend einkochen oder mit in etwas kaltem Wasser angerührter Speisestärke zur gewünschten Konsistenz binden. Putenfleisch, Möhren und Schalotten wieder in die Sauce geben und erhitzen. Mit Salz und Pfeffer abschmecken und mit Petersilie bestreuen. Mit Reis servieren.

## Geschnetzeltes Stroganoff (für 4 Portionen)

Putenschnitzel gegen **Rindergeschnetzeltes** austauschen und statt der Möhren mit **250 g in Scheiben geschnittenen Champignons** sowie **100 g gewürfelten Gewürzgurken** anschwitzen. Ansonsten wie oben beschrieben zubereiten. Mit **Senf** und **1 Schuss Gewürzgurkensud** abschmecken und mit Reis servieren.

## Zürcher Geschnetzeltes (für 4 Portionen)

Putenfleisch gegen **Kalbfleisch** austauschen. Die Sauce wie beschrieben zubereiten, zusätzlich aber noch mit **1 TL Zitronenabrieb** abschmecken.

# Paprikahähnchen

**Für 4 Portionen**

1 küchenfertiges Brathähnchen (ca. 1,2 kg)
3 EL Sonnenblumenöl
2 TL Salz
2 TL edelsüßes Paprikapulver

1. Den Backofen auf 200 °C Ober- und Unterhitze vorheizen. Das Hähnchen innen und außen gründlich waschen und trocken tupfen. Die Flügelspitzen, Halsknochen und den Bürzel mit einem scharfen Messer oder einer Geflügelschere abschneiden. Das Hähnchen auf den Rücken legen. Die Keulen mit Küchengarn fest zusammenbinden. Das Garn an den Keulen entlang ziehen und das Huhn umdrehen. Das Garn nun um die Flügel wickeln, sodass sie fest am Körper anliegen. Das Huhn wieder auf den Rücken drehen, das Küchengarn festziehen und verknoten.

2. Sonnenblumenöl mit Salz und Paprikapulver verrühren und das Hähnchen rundherum einpinseln. Mit der Brust nach unten in einen ausreichend großen Bräter legen und im Backofen auf mittlerer Schiene ca. 30 Min. braten. Das Hähnchen wenden und ca. 1 Std. weiter braten. Alle 20 Min. mit dem restlichen Paprikaöl bestreichen.

## Zitronen-Knoblauch-Marinade

Marinade aus **Saft von 2 Zitronen, 3 EL Olivenöl, 3 durchgepressten Knoblauchzehen, 1 gehacktem Zweig Rosmarin** und **2 TL Salz** herstellen und das Hühnchen damit einpinseln.

## Honig-Bier-Marinade

Marinade aus **100 ml flüssigem Honig, 100 ml hellem Bier, 1 gehackten roten Chilischote** und **1 TL Salz** herstellen und das Hühnchen damit bestreichen.

## Einkauf

Beim Einkauf gibt es einige Sinnesorgane, die ungemein helfen, einen frischen Fisch zu erkennen. Als allererstes die Nase: Frischer Fisch riecht nach Meer und nicht unangenehm „fischig"! Zweitens die Augen: Die Haut von ganz frischem Meeresgetier schillert und glänzt, die Augen sind klar und stehen etwas hervor. Und drittens die Finger: Wenn man leicht auf den Fisch drückt, ist das Fleisch elastisch und fest. Die Schuppen lassen sich nur schwer herausziehen, die Kiemen liegen fest an und haben eine dunkelrosa bis hellrote Farbe. Muscheln sollte man lebend kaufen, sie sind geschlossen oder schließen sich, wenn man sie berührt. Beim Fischhändler nachfragen, ob rohe oder gekochte Krustentiere bereits eingefroren waren, denn dann müssen sie ratzfatz verarbeitet werden und auf keinen Fall wieder ins Tiefkühlfach. Bei abgepacktem Fisch und Meeresfrüchten auf das angegebene Verfallsdatum achten!

## Wichtig zu wissen!

Augen auf beim Kauf! Nicht nur der Frische wegen. Damit alle nämlich auch morgen noch guten Fisch und gescheite Meeresfrüchte essen können, sollte die Ware aus verantwortungsvollem, nachhaltigem Fischfang stammen. Also den Fischhändler seines Vertrauens fragen oder Siegel und Zertifizierungen genau unter die Lupe nehmen.

## Vorbereitung

Zuhause den frischen Fisch gleich aus der Verpackung nehmen und mit Folie abgedeckt auf einem Porzellan- oder Glasteller bis zur weiteren Verarbeitung kühl stellen. Weil nicht jeder darauf steht, Fische selbst auszunehmen, praktischerweise küchenfertig kaufen, sodass er ist bereits geschuppt, ausgenommen und ohne Flossen ist. Muscheln unter fließendem Wasser gründlich abbürsten und von Sand befreien. Tiefgefrorene Ware optimalerweise in der Originalverpackung über Nacht im Kühlschrank auftauen oder wenn's mal schnell gehen muss ca. 2 Stunden in kaltes Wasser legen. Letzteres sollte die Ausnahme bleiben, weil einige Geschmacksaromen ansonsten einfach verloren gehen.

# Fisch

## Aufbewahrung

Fisch und Meeresfrüchte zählen zu den Lebensmitteln, die am schnellsten verderben. Also am besten noch am Tag des Einkaufs zubereiten! Falls Fisch doch einmal 1–2 Tage aufbewahrt werden soll, in Wachspapier in einem luftdicht verschlossenen Behälter so kalt wie möglich im Kühlschrank lagern. Besser einfrieren! Denn gut verpackt im Tiefkühler hält er sich je nach Sorte sogar ca. 1–3 Monate.

## Zubereitung

Unglaublich vielseitig ist Fisch! Man kann ihn dämpfen, dünsten, braten, backen, räuchern, beizen und marinieren. Aber auch roh eine absolute Delikatesse wie Sushi und Sashimi. Der Fisch sollte noch leicht glasig sein, zu lange gegart wird er nämlich trocken und verliert Geschmack. Die allseits beliebte Garnele (auf die Herkunft achten!) wird gerne gebraten, gegrillt, gebacken oder gedämpft. Muscheln am besten in nicht zu viel Flüssigkeit kurz dämpfen, bis sie aufgehen. Danach geschlossene unbedingt wegwerfen!

# Eingelegter Matjes „Hausfrauen-Style"

**Für 4 Portionen**

**8 Matjes- oder Salzheringsfilets
2 kleine Äpfel
1 rote Zwiebel
2 Gewürzgurken
1 Lorbeerblatt
200 ml Sahne
200 g saure Sahne
Salz, Pfeffer
1 Prise Zucker
2 EL Essig oder Gewürzgurkensud**

1. Fischfilets waschen, gut abtropfen lassen und in mundgerechte Stücke schneiden. Sehr stark gesalzene Heringsfilets sollten vor der Zubereitung ca. 1 Std. gewässert werden, dann abspülen und trocken tupfen.

2. Äpfel waschen, schälen, Kerngehäuse entfernen und in kleine Würfel schneiden. Zwiebel schälen, halbieren und in Streifen schneiden. Gewürzgurken in kleine Würfel schneiden. Fisch sowie Apfel- und Gurkenwürfel, Zwiebelstreifen und Lorbeerblatt in eine große Schüssel geben.

3. Süße und saure Sahne miteinander verrühren und mit Salz, Pfeffer, Zucker sowie Essig bzw. Gewürzgurkensud abschmecken. Sahnesauce über den Fisch geben, gut durchmischen und abgedeckt ca. 6 Std. im Kühlschrank durchziehen lassen. Nochmals abschmecken und mit Pellkartoffeln (s. S. 78) servieren.

### Kochprofi-Tipp
*Super zum Vorbereiten! Den eingelegten Matjes bereits am Vortag zubereiten und über Nacht kühl stellen. So zieht er gut durch und schmeckt am nächsten Tag schön intensiv.*

# Zander-Saltimbocca

**Für 4 Portionen**

**4 Zanderfilets ohne Haut
(à ca. 100 g)
8 große Salbeiblätter
4 Scheiben Parmaschinken
2 EL Butter
Salz, Pfeffer**

1. Zanderfilets waschen und trocken tupfen. Salbeiblätter waschen und ebenfalls trocken tupfen. Die Fischfilets auf jeweils eine Schinkenscheibe geben, mit jeweils zwei Salbeiblättern belegen und einwickeln.

2. In einer Pfanne die Butter zerlassen. Die Fischfilets mit den Nahtseiten nach unten in die Pfanne legen und von jeder Seite ca. 3–4 Min. braten. Mit Salz und Pfeffer würzen.

3. Wer mag, kann übriggebliebene Salbeiblätter in Mehl wenden und in der verbliebenen Butter braten. Die Saltimbocca schmecken riesig zu Risotto oder selbst gemachten Gnocchi (s. S. 86 bzw. 78).

### Kochprofi-Tipp

*Werden Fischfilets natur gebraten, ritzt man die Haut zuvor behutsam mit einem scharfen Messer streifenförmig ein, so platzt sie beim Braten nicht auf. Anschließend den Fisch mit Zitronensaft beträufeln und kurz ziehen lassen, damit das Fleisch fest und weiß bleibt. Mit Salz und Pfeffer würzen. In Mehl wenden, überschüssiges Mehl leicht abklopfen. Die Fischfilets zuerst mit der Hautseite nach unten bei mittlerer Temperatur in Butter oder Pflanzenöl braten, danach wenden und auf der ausgeschalteten Kochstelle zu Ende braten.*

# Backfisch

**Für 4 Portionen**

4 weiße, festfleischige
Fischfilets (à ca. 125 g,
z. B. Seelachs, Pangasius,
Viktoriabarsch)
4 EL Zitronensaft
Salz
1 Ei
75 ml Milch
75 g Crème fraîche
100 g gesiebtes Weizenmehl
Weizenmehl zum Wenden
Pflanzenöl zum Frittieren

1. Die Zutaten entsprechend vorbereiten. Fischfilets waschen und trocken tupfen. Mit etwas Zitronensaft beträufeln, mit Salz würzen und in beliebig große Stücke schneiden.

2. Das Ei trennen. Eigelb mit Milch, Crème fraîche und ½ TL Salz verrühren. Mehl zum Schluss zugeben und alles zu einem glatten Teig verrühren. Abdecken und ca. 20 Min. quellen lassen. Eiweiß mit einem Handrührgerät halbsteif schlagen und kalt stellen. Nach der Quellzeit den Teig erneut gut durchrühren und das geschlagene Eiweiß vorsichtig unterheben.

3. Ausreichend Pflanzenöl in einer Fritteuse oder – falls nicht vorhanden – in einem Topf zum Frittieren erhitzen. Um zu testen, ob das Öl heiß genug ist, einen Holzkochlöffel mit dem Stiel in das Öl halten. Wenn sich am Stiel kleine Bläschen bilden, ist die notwendige Temperatur erreicht. Die Fischfilets in Mehl wenden, überschüssiges Mehl leicht abklopfen. Mithilfe einer Gabel durch den Teig ziehen.

4. Portionsweise in das heiße Öl geben und goldgelb ausbacken. Auf Küchenpapier abtropfen lassen. Mit bunten Salaten und der Remoulade von Seite 33 servieren.

# Langweiliger Backfisch war gestern!

## Ausbackteig mit Kräutern oder Gewürzen

Zu dem wie links zubereiteten Teig noch **1–2 EL gehackte Kräuter, z. B. Petersilie** oder **Salbei** zugeben. Oder nach Geschmack noch **½ TL gemahlene Gewürze, z. B. Currypulver, Raz el Hanout, Tandoori-Gewürz** oder **gemahlenen Kreuzkümmel** untermischen.

## Bier- oder Weinteig

Aus **1 Ei, 125 ml Bier** oder **trockenem Weißwein, 125 g Weizenmehl, Salz** und **Pfeffer** einen Teig zubereiten wie links beschrieben zubereiten. Ideal für kleine Champignonköpfe oder Wildkräuter zum Ausbacken! Der Teig eignet sich auch gut für Obst, z. B. Apfelringe oder Bananenspalten. Anstelle von Salz und Pfeffer etwas **Zucker** zugeben und mit **Vanille oder Zimtpulver** abschmecken. Gut kommen auch noch **1–2 EL Kokosflocken**.

## Tempura

**75 g Weizenmehl** mit **2 Prisen Salz, 2 Prisen Zucker** und **1 Messerspitze Backpulver** mischen. **150 ml eiskaltes Mineralwasser** zugeben, gut verrühren und kurz im Kühlschrank quellen lassen. Damit kann man Garnelen, festfleischigen Fisch und Gemüse wie Möhren, Zucchini oder Brokkoli frittieren.

4

### Kochprofi-Tipp

*Zum Frittieren nimmt man am besten Sonnenblumen-, Maiskeim- oder Erdnussöl. Diese Fette kann man ohne Probleme stark erhitzen, da ihr Rauchpunkt höher als bei anderen liegt. Das Öl muss immer sehr heiß sein (idealerweise 180 °C), bevor man das Frittiergut hineingibt, da sich der Teig sonst mit zu viel Fett vollsaugt.*

# Forelle Müllerin Art

**Für 4 Portionen**

**4 küchenfertige Forellen
(à ca. 300 g)
1 Zitrone
Salz, Pfeffer
6 EL Weizenmehl
6 EL Sonnenblumenöl
6 EL Butter**

1. Forellen innen und außen unter fließendem Wasser gründlich abspülen und trocken tupfen. Zitrone auspressen, die Forellen mit dem Saft beträufeln und mit Salz und Pfeffer würzen. Mehl auf einen flachen Teller geben. Die Forellen darin wenden, überschüssiges Mehl leicht abklopfen.

2. In einer ausreichend großen Pfanne 3 EL Öl heiß werden lassen. 2 Forellen im heißen Öl bei mittlerer Hitze ca. 5 Min. braten.

3. Dann wenden und von der zweiten Seite ca. 3–5 Min. braten, bis sie goldbraun und knusprig sind. Wenn sich die Rückenflosse leicht herausziehen lässt, sind die Forellen gar. Warm halten und die restlichen Forellen ebenso braten. Sind zwei große Pfannen und ausreichend Platz auf dem Kochfeld vorhanden, kann man die Forellen natürlich gleichzeitig zubereiten!

4. Die Butter in einem kleinen Topf aufschäumen, bis sie leicht bräunt. Die Forellen auf Tellern anrichten und mit der heißen Nussbutter begießen. Mit Salzkartoffeln (s. S. 78) servieren.

### Kochprofi-Tipp
*Die Zubereitungsart kann auch für andere ganze Fischsorten angewandt werden, z. B. Lachsforelle oder Saibling. Wer es mediterran mag, sollte unbedingt kleine Rotbarben oder Sardinen probieren. Letztere schmecken auch toll vom Grill. Mittelmeerfeeling pur!*

# Fischers Fritz fischt

## Fisch aus dem Ofen (für 4 Portionen)

**Saft von 1 Zitrone** mit **4 gehackten Knoblauchzehen**, **5 EL Olivenöl** und **3 TL Meersalz** verrühren. **4 küchenfertige Fische (à ca. 300–400 g)** wie z. B. Doraden von innen und außen damit einpinseln. Mit **8 Thymian-** und **4 Rosmarinzweigen** die Bauchhöhlen füllen. Auf einem Backblech im vorgeheizten Backofen bei 160 °C Ober- und Unterhitze ca. 20–25 Min. garen.

## Fisch in der Salzkruste (für 4 Portionen)

**1 küchenfertigen Meeresfisch (ca. 1,5 kg)** wie Wolfsbarsch, Red Snapper oder Steinbutt mit **1 Bund gemischten Kräutern** füllen. **4 Eiweiße** zu Schnee schlagen und mit **2 kg grobem Meersalz** vermischen, bei Bedarf etwas Wasser zugeben. Die Hälfte davon auf ein tiefes Backblech geben, den Fisch darauf legen und gleichmäßig mit dem restlichen Salz bedecken, die Masse dabei gut andrücken. Im vorgeheizten Backofen bei 200 °C Ober- und Unterhitze ca. 45 Min. backen. Die Salzkruste an der Seite rundum aufschneiden, die obere Hälfte abheben, alle Salzkörner vom Fisch abstreifen und die Haut abziehen.

## Fisch im Heu (für 4 Portionen)

**4 küchenfertige Fische (à ca. 300 g)** wie Forelle oder Saibling mit **Salz** und **Pfeffer** würzen. Mit **je 1 Bund Estragon** und **Petersilie** füllen. Auf vier Alufolienbögen **2 Handvoll Heu** verteilen, auf jeden „Heuhaufen" 3 Scheiben von **4 unbehandelten Zitronen** legen, die Fische darauf geben, die restlichen Zitronenscheiben verteilen, mit **2 weiteren Handvoll Heu** bedecken und in Alufolie einwickeln. Im vorgeheizten Backofen bei 180 °C Ober- und Unterhitze ca. 25 Min. garen. Heu ist im gut sortierten Supermarkt in der Abteilung Kleintierbedarf erhältlich.

# Fisch beizen

## Graved Lachs

**Für 10 Portionen
(Standzeit 2 Tage)**

1 Lachsseite (ca. 1 kg)
1 Bund Dill
125 g grobes Meersalz
125 g Zucker
20 weiße Pfefferkörner

1. Die Lachsseite auf Gräten kontrollieren, gegebenenfalls mit einer Pinzette herausziehen.

2. Dill waschen, trocken schütteln, Spitzen abzupfen und fein hacken und mit Salz, Zucker und grob gestoßenen Pfefferkörnern in einer Schüssel vermischen.

3. Die Lachsseite auf der Oberseite (nicht die Hautseite!) mit der Gewürzmischung einreiben. Den marinierten Lachs auf einen Bogen Frischhaltefolie legen und fest darin einschlagen. Auf ein Backblech legen und noch mit einem Brett beschweren, so kann die Beize besser einziehen. Ca. 48 Std. im Kühlschrank ziehen lassen.

4. Anschließend aus der Frischhaltefolie nehmen, die Beize mit einem Löffel entfernen, gegebenenfalls unter fließendem Wasser abspülen und trocken tupfen.

5. Den Lachs auf ein Schneidebrett mit der Hautseite nach unten legen und mit einem schmalen, sehr scharfen Messer schräg in dünne Scheiben schneiden. Graved Lachs hält sich im Kühlschrank ca. 7 Tage. Er schmeckt toll als Vorspeise mit Feigensenf und einem Wildkräutersalat (s. S. 54) oder einfach pur auf frischem Brot.

### Kochprofi-Tipp

*Die verschiedenen Beizen wie auf folgender Seite vorgestellt, eignen sich auch gut für andere Fischsorten, z.B. Forelle, Lachsforelle, Saibling oder Makrele. Wichtig für das Beizen ist, dass Filets mit Haut verwendet werden. Die Menge ist jeweils für ca. 1 kg Fisch.*

# Für ambitionierte Beizer!

## Fenchel-Orangen-Beize

**2 unbehandelte Orangen** heiß abwaschen und trocknen. Von einer Orange die Schale abreiben, die zweite Orange in dünne Scheiben schneiden. **1 EL Fenchelsamen** in einem Mörser zerkleinern, mit **125 g grobem Meersalz** und **125 g Zucker** sowie dem Orangenabrieb vermischen. Den Fisch wie links beschrieben zubereiten. Mit Orangenscheiben bedeckt beizen.

## Kräuter-Zitronen-Beize

**2 unbehandelte Zitronen** heiß abwaschen und trocknen. Von einer Zitrone die Schale abreiben, die zweite Zitrone in dünne Scheiben schneiden. **1 Bund gehackte Kräuter z. B. Kerbel, Minze und Thymian** mit **125 g grobem Meersalz** und **125 g Zucker** sowie dem Zitronenabrieb vermischen. Den Fisch wie links beschrieben zubereiten. Mit Zitronenscheiben bedeckt beizen.

## Asia-Beize

**1 unbehandelte Orange** heiß abwaschen, trocknen und die Schale abreiben. **50 g Ingwerwurzel** schälen und fein hacken. **1 Stängel Zitronengras** waschen, trocken tupfen und ebenfalls fein hacken. **1 Bund Koriander** waschen, trocken schütteln, Blätter abzupfen und hacken. Alle Zutaten gut mit **125 g grobem Meersalz** und **125 g Zucker** vermischen. Den Fisch wie links beschrieben zubereiten.

# Danach

„Schokolade ist einfach geil!"

# Danach

**Fruchtiges**
**Heißes & Kaltes**
**Gerührtes & Gebackenes**
**Luftiges & Cremiges**

# Konfitüre

Für ca. 8 sterile Gläser à 250 ml
(Standzeit mind. 8 Std.)

**1 kg geputzte Früchte
(z. B. Erdbeeren, Himbeeren,
Johannisbeeren, Birnen,
Äpfel usw.)
1 kg Gelierzucker 1:1
Saft von 1½ Zitronen**

1. Geputzte und kleingeschnittene Früchte mit dem Gelierzucker in einem großen Topf mischen und mind. 8 Std., am besten über Nacht, zum Saftziehen stehen lassen.

2. Nach Belieben die Früchte pürieren oder für eine stückige Konfitüre ⅓ der Früchte beiseitestellen und nach dem Pürieren der Fruchtmischung wieder zugeben. Zitronensaft unterrühren.

3. Die Fruchtmischung bei starker Hitze und unter ständigem Rühren zum Kochen bringen, bis sie kräftig sprudelt. Erst jetzt beginnt die Kochzeit! 4 Min. sprudelnd kochen lassen, dabei ständig weiterrühren.

4. Eventuell abschäumen und dann die vorbereiteten Gläser randvoll befüllen. Diese sofort mit dem Schraubdeckel verschließen und 5–10 Min. auf den Kopf stellen. Wieder wenden und vollständig auskühlen lassen.

### Kochprofi-Tipp
*Um sicher zu gehen, dass die Konfitüre fest wird, macht man eine Gelierprobe. Hierzu nach Ende der Kochzeit einen Teelöffel Fruchtmasse auf einen kalten Teller geben. Wird sie fest, hat sie die richtige Konsistenz.*

# Zwetschgen-Kompott

**Für 4 Portionen**

**500 g frische Zwetschgen oder 1 Glas (720 g) Zwetschgen ohne Stein
60 g Zucker
3 EL Butter
50 ml Portwein
Saft von ½ Orange
Saft von 1 Zitrone
1 EL Pflaumenmus
1 Zimtstange**

1. Frische Zwetschgen waschen und entsteinen. Zwetschgen aus dem Glas in einem Sieb abtropfen lassen.

2. Zucker in einer Pfanne mit der Butter hell karamellisieren. Mit Portwein, Orangen- sowie Zitronensaft ablöschen und einkochen, bis fast keine Flüssigkeit mehr vorhanden ist.

3. Dann Pflaumenmus, Zimtstange und Zwetschgen zugeben. Die frischen Zwetschgen ca. 20 Min. bzw. die eingelegten ca. 5 Min. sanft köcheln lassen. Lecker zu Eisparfait (s. S. 137).

## Lauwarmes Apfel-Ragout (für 4 Portionen)

**3–4 Äpfel** schälen, vierteln, Kerngehäuse entfernen, die Apfelviertel in etwa 1,5 cm dicke Spalten schneiden. **50 g Walnusskerne** grob hacken. In einer Pfanne **1 EL Zucker** bei mittlerer Temperatur leicht schmelzen, aber nicht bräunen. **2 EL Butter** und die Nüsse zugeben. Apfelspalten untermischen und unter vorsichtigem Rühren bei mittlerer Temperatur dünsten, bis die Äpfel gar sind, aber noch etwas Biss haben. Nach Belieben mit **Zimtpulver** bestreuen.

# Zwetschgen-Crumble

**Für 4 Portionen**

Zwetschgen-Kompott
(s. S. 133)
150 g Pellkartoffeln
(s. S. 78)
100 g weiche Butter
80 g Weizenmehl
1 TL Backpulver
100 g Zucker
Salz
1 TL Zimtpulver
Puderzucker zum
Bestäuben

1. Den Backofen auf 200 °C Ober- und Unterhitze vorheizen.

2. Das zubereitete Kompott ohne Zimtstange in eine Auflaufform geben.

3. Die gekochten Kartoffeln pellen und zerdrücken. Butter, Mehl, Backpulver, Zucker, 1 Prise Salz sowie den Zimt zufügen, gut vermischen und mit einem Handrührgerät mit Knethaken zu Streuseln verkneten. Diese über dem Zwetschgenkompott verteilen.

4. Im Backofen auf dem Rost auf mittlerer Schiene ca. 15–20 Min. backen. Mit Puderzucker bestäuben und servieren.

### Kochprofi-Tipp

*Mal was anderes: Kartoffelstreusel!*
*Wer die Crumblemasse mit Nussstreuseln herstellen möchte, hier das Rezept: Aus **90 g weicher Butter**, **60 g Zucker**, **80 g Weizenmehl** und **80 g gemahlenen Nüssen** mithilfe eines Handrührgeräts mit Knethaken Streusel kneten und backen.*

## Beeren-Crumble (für 4 Portionen)

**200 g Beeren nach Belieben** verlesen und putzen. **60 g weiche Butter** und **125 g Zucker** mit einem Handrührgerät mit Rührbesen verrühren. **Saft von 1 Zitrone, 4 Eier, 250 g Naturjoghurt, 4 EL Speisestärke** und **2 EL Vanillepuddingpulver** zugeben und zu einer glatten Masse verarbeiten. Die Beeren gleichmäßig in 4 ofenfeste Förmchen bzw. Gläser verteilen, die Creme darüber geben und auf dem Rost auf mittlerer Schiene im Backofen ca. 20 Min. backen. Nach Belieben mit Nuss- oder Kartoffelstreuseln belegen.

## Bratapfel (für 4 Stück – Foto)

**10 g Rosinen** in **1 EL Mandellikör (Amaretto)** einweichen. **4 gleich große Äpfel** waschen und die Unterseiten der Äpfel ein wenig abschneiden, sodass sie fest stehen. Am Stielansatz einen Deckel abschneiden und mit einem Ausstecher die Kerngehäuse entfernen. **70 g weiches Marzipan** mit **20 g gehackten Mandeln**, Rosinen und **1 Prise Zimtpulver** verkneten, dann in die Äpfel füllen. In eine gefettete Auflaufform setzen, „Apfeldeckel" auflegen und im vorgeheizten Backofen bei 160 °C Ober- und Unterhitze ca. 20–25 Min. backen. Dazu schmeckt Vanillesauce von Seite 142.

## Gratinierte Pfirsiche (für 4 Portionen)

Den Backofengrill auf 200 °C vorheizen. **4 Pfirsiche** halbieren und entsteinen. **1 Ei** trennen und das Eiweiß steif schlagen. **60 g Amaretti** in einen Gefrierbeutel geben und mit der Hand oder einer Teigrolle zerbröseln, mit dem Eigelb verrühren und den Eischnee unterheben. Von der Masse Nocken abstechen, auf den Pfirsichen verteilen und in eine Auflaufform setzen. Auf dem Rost auf einer der oberen Schienen unter den Backofengrill schieben und ca. 5–8 Min. gratinieren. Die Pfirsichhälften zusammen mit **4 Kugeln Vanilleeis (s. S. 136)** servieren.

# Heiß auf Eis!

## Fruchtsorbet (für ca. 500 ml)

**2 Blatt Gelatine** in kaltem Wasser einweichen. **250 ml Wasser** oder entsprechenden **Fruchtsaft** mit **250 g Zucker** aufkochen, köcheln lassen, bis sich der Zucker gelöst hat. Ausgedrückte Gelatine darin auflösen und abkühlen lassen. **250 g frische, klein geschnittene oder aufgetaute Früchte (Äpfel, Birnen, Himbeeren, Orangen usw.)** mit dem Zuckersirup und **Saft von 1 Zitrone** ca. 1 Min. fein pürieren, gegebenenfalls durch ein feines Sieb streichen. **2 Eiweiß** mit **1 Prise Salz** steif schlagen und unter das Fruchtpüree heben. In einer Eismaschine cremig gefrieren.

## Eiscreme – Vanille (für ca. 750 ml)

**1 Vanilleschote** längs halbieren und das Mark herauskratzen. **250 ml Milch, 250 ml Sahne, 100 g Zucker** mit Vanillemark und -schote in einem Topf aufkochen und zur Seite stellen. **2 Eier** und **2 Eigelbe** mit einem Schneebesen oder einem Handrührgerät mit Rührbesen über einem heißen Wasserbad aufschlagen. Die heiße Milch-Sahne-Mischung dabei einlaufen lassen und alles dick cremig aufschlagen. Die Konsistenz der aufgeschlagenen Masse prüfen, indem man einen Löffel durch die Masse zieht. Wenn sich beim Pusten auf dem Löffelrücken eine „Rose" bildet, ist die richtige Konsistenz erreicht. Die Crememasse etwas abkühlen lassen und in einer Eismaschine cremig gefrieren. Nach Belieben variieren: 100 g geschmolzene Zartbitterschokolade zugeben für Schokoladeneis oder 500 g Erdbeerpüree unterheben für Erdbeereis.

## Eisparfait – Vanille (für ca. 500 ml)

½ **Vanilleschote** längs halbieren, das Mark mit dem Messerrücken herauskratzen. **3 Eier** trennen. Das Eiweiß steif schlagen und kalt stellen. Eigelbe mit **75 g Puderzucker**, Vanillemark und **1 EL heißes Wasser** in einer großen Schüssel über einem heißen Wasserbad dick cremig aufschlagen. Dann kalt schlagen. **250 ml Sahne** steif schlagen. Mit einem Schneebesen oder Teigschaber unter die kalte Eimasse heben. Das geschlagene Eiweiß ebenfalls unterheben. Eine Kastenform mit etwas **Öl** auspinseln und mit Frischhaltefolie auslegen. Die Masse einfüllen, glatt streichen und mindestens 6–8 Std. gefrieren. Vor dem Anrichten die Form kurz in heißes Wasser tauchen. Das Parfait mit der Folie aus der Form stürzen und in Scheiben schneiden. Die Parfaitmasse nach Lust und Laune mit unterschiedlichen Zutaten verfeinern, z. B. 1 TL Zimtpulver, 75 ml Eierlikör usw..

## Orangen-Granitée (für ca. 400 ml)

**40 g Ingwerwurzel** schälen und fein reiben. **75 g Zucker** und **100 ml Wasser** in einem Topf aufkochen. Ingwer, **350 ml Orangensaft** und den **Saft von ½ Zitrone** zugeben und mit einem Stabmixer pürieren. Die Masse durch ein Sieb flach in eine Auflaufform ausgießen und im Gefrierschrank ca. 3 Std. gefrieren. Kurz vor dem Anrichten herausnehmen und mit einer Gabel oder einem Löffel abschaben. In gekühlten Dessertgläsern servieren.

### Kochprofi-Tipp
*Nicht jeder hat eine Eismaschine. Sorbets und Eis kann man dennoch selbst herstellen. Und zwar einfach in einer Schüssel in den Tiefkühler stellen und während des Gefrierens ab und zu durchrühren, dass die Eiskristalle nicht so groß werden und das Eis schön cremig wird.*

Danach · 137

## Aufbewahrung

Obst ist wie Gemüse. Will heißen: Wird es falsch gelagert, werden die darin enthaltenen Vitamine und Mineralstoffe zerstört und das Fruchtfleisch kann sich zersetzen. Deshalb benötigen sie ein gewisses Maß an Feuchtigkeit und Kühle.

Maracuja

Himbeeren

Erdbeeren

Apfel

## Wichtig zu wissen!

Zum Lagern im Kühlschrank eignen sich: Erdbeeren, Nektarinen, Kirschen, Feigen, Trauben, Birnen, Kiwis, Pfirsiche, Aprikosen und Pflaumen.
Südfrüchte wie Mangos, Bananen, Zitrusfrüchte, Papaya, Melonen usw. mögen keine Kälte. Ihre ideale Lagerungstemperatur liegt bei ca. 14 °C.
Genau wie Tomaten dürfen auch Äpfel nicht mit anderen Früchten zusammen gelagert werden! Auch sie setzen das Reifegas Ethylen frei und lassen somit andere Obstsorten schneller überreifen bzw. faulen. Natürlich kann man dieses Phänomen auch für seine Zwecke nutzen und so unreifes Obst nachreifen lassen.

## Vorbereitung

Hier gilt dasselbe wie beim Gemüse! Früchte nur kurz unter fließendem Wasser abspülen. Empfindliches wie Himbeeren behutsam verlesen. Kein Problem bei weißem Überzug! Sind Früchte mit einer weißen Schicht überzogen, z. B. bei Zwetschgen oder Trauben, ist das ein Frischemerkmal und kein Hinweis auf irgendeine Behandlung.

Orange

Mandarine

# Obst ist wie Gemüse

### Achtung Braunwerden!
Das Fruchtfleisch einiger Früchte wie z. B. Äpfel, Bananen, Pfirsiche wird in Verbindung mit Luft braun – man nennt das Oxidieren. Es kann verhindert werden, indem man das Obst mit Zitronensaft oder Alkohol mariniert.

### Zubereitung
Alles ist erlaubt, was schmeckt: ob roh, getrocknet, eingemacht, kandiert, flambiert, pochiert, gebacken, mariniert, püriert, gedünstet oder als Kompott zubereitet! Früchte schmecken nicht nur als Dessert, sondern auch in Kombi mit Gemüse oder anderen Lebensmitteln. Super mit Käse und Schinken, klasse mit Meeresfrüchten und Räucherfisch, einfach lecker mit Fleisch, Wild und Geflügel. Experimentierfreudige dürfen auch gern mal Obst auf pikante Weise zubereiten, z. B. Erdbeeren mit grünem Pfeffer oder mit einer angeschärften Marinade.

### Einkauf
Erdbeeren im Dezember, Pfirsiche im Januar? Bloß nicht! Lieber das Obst kaufen, das auch gerade Saison hat und zwar bei uns im eigenen Land. Kurze Transportwege schonen nämlich das Produkt und – na klar – auch die Umwelt.
Also lieber mal auf dem Wochenmarkt gucken, was die (Bio-)Bauern so im Angebot haben. Oder wer die Möglichkeit hat im ländlichen Gebiet, das Obst direkt ab Hof einkaufen. Es gibt auch in manchen Regionen Anbieter, die Abonnements für Obst (und Gemüse) anbieten. Frischer geht es nur noch direkt vom Feld oder aus dem eigenen Garten.

# Blitz-Kaiserschmarrn

**Für 4 Portionen**

- 4 Eier
- 200 ml Milch
- 4 EL Pflanzenöl
- 1 Päckchen Bourbonvanillezucker
- 50 g Rosinen oder getrocknete Cranberries
- Salz
- 200 g Weizenmehl
- ½ Päckchen Backpulver
- 50 g Butter
- Puderzucker zum Bestäuben
- Preiselbeerkonfitüre

1. Eier mit Milch, 1 EL Öl, Vanillezucker, Rosinen oder Cranberries und 1 Prise Salz verquirlen. Mehl und Backpulver mischen, zugeben und alles mit einem Handrührgerät mit Rührbesen verrühren.

2. Das restliche Öl und 20 g Butter in einer großen Pfanne bei mittlerer Temperatur schmelzen, den Teig hineingeben und 5 Min. stocken lassen.

3. Den Teig mit zwei Pfannenwendern teilen, in mundgerechte Stücke rupfen, wenden und einige Minuten weiterbraten, bis der Schmarrn goldbraun ist. Restliche Butter zugeben, mit Puderzucker bestäuben und nochmals 2–3 Min. braten.

4. Mit Preiselbeerkonfitüre servieren und nach Geschmack mit mehr Puderzucker bestreuen.

### Kochprofi-Tipp

*Fluffiger wird der Teig, wenn die Eier getrennt werden. Das Eiweiß dazu steif schlagen und zum Schluss unter die Eimasse heben.*

# Apfelstrudel

**Für 1 Stück**

1 Packung (120 g) Strudelteig
(aus dem Kühlregal)
50 g zerlassene Butter
3 Äpfel (z. B. Boskop)
40 g Zucker
60 g fein gemahlene Zwieback-
oder Butterkeksbrösel
2 Prisen Zimtpulver
25 g gehobelte Mandeln
25 g Rosinen
1 TL Zitronenabrieb
2 TL Zitronensaft
Puderzucker zum Bestäuben

1. Backofen auf 180 °C Ober- und Unterhitze vorheizen. Strudelteig entrollen und 5 Blatt entnehmen. Die Blätter aufeinanderlegen und mit etwas zerlassener Butter bestreichen.

2. Äpfel schälen, Kerngehäuse entfernen und in kleine Stücke schneiden. Mit den restlichen Zutaten, bis auf den Puderzucker, in eine Schüssel geben und alles miteinander vermischen.

3. Ein Backblech mit Backpapier auslegen und in der Mitte leicht mit Butter einfetten. Die Füllung auf dem unteren Drittel des Strudelteigs verteilen und aufrollen. Mit der Naht nach unten auf das Blech setzen und nochmals mit zerlassener Butter bestreichen.

4. Im Backofen auf mittlerer Schiene ca. 35 Min. backen. Währenddessen 2–3 Mal mit flüssiger Butter bestreichen. Anschließend kurz auskühlen lassen und vor dem Servieren mit Puderzucker bestäuben.

### Kochprofi-Tipp

*Lecker mit einem Klecks geschlagener Sahne und Vanillesauce (s. S. 142). Mit fertigem Strudelteig aus dem Kühlregal kann man prima variieren. Die Füllung einfach nach Lust und Laune austauschen, z. B. durch anderes Obst. Oder für eine herzhafte Variante durch Gemüse der Saison.*

# Vanillesauce

**Für 4 Portionen**

**400 ml Milch**
**2–3 EL Zucker**
**1 Vanilleschote**
**3 Eier**

1. Die Milch und den Zucker abmessen. Vanilleschote längs halbieren und das Mark mit einem Messerrücken herauskratzen. Die Eier trennen, das Eiweiß für ein anderes Rezept verwenden.

2. Milch mit Zucker, Vanillemark und –schote in einem Topf aufkochen.

3. Die Eigelbe verrühren. 1/3 der heißen Milch unter ständigem Rühren zügig zu den Eigelben gießen. Danach alles in die restliche Milch einrühren und kräftig aufschlagen.

4. Die Vanillesauce durch ein Sieb gießen. Etwas abkühlen oder ganz erkalten lassen, dabei ab und zu umrühren, damit sich keine Haut bildet.

### Kochprofi-Tipp
*Statt der Vanilleschote kann man auch 1 Päckchen Bourbonvanillezucker verwenden.*

# Passt dazu!

### Rote Grütze (für 4 Portionen)

**2 EL Speisestärke** mit **50 ml Kirschsaft** anrühren. **200 ml Kirschsaft** mit **250 ml Rotwein, 100 ml Portwein, 80 g Zucker** und **1 Päckchen Bourbonvanillezucker** aufkochen und bei niedriger Temperatur ca. 10 Min. köcheln lassen. Die Flüssigkeit mit der angerührten Speisestärke binden. **600 g gemischte frische Beeren** zugeben und nochmals aufkochen. Mit **1 EL Honig** und **2 EL Kirschwasser bzw. Obstbrand** verfeinern, dann abkühlen lassen. Mit Vanillesauce servieren.

### Kochprofi-Tipp

*Wenn's richtig schnell gehen muss!* **300 g tiefgekühlte Beerenmischung** mit **3–4 EL Zucker** in einem Topf bei geringer Temperatur erwärmen, bis die Früchte aufgetaut sind. Falls die Masse zu flüssig ist, einfach mit in etwas kaltem Wasser angerührter Speisestärke binden. Fertig!

**4**

# Zitronenkuchen

**Für 1 Kuchen**
(Kastenform 25 × 11 cm)

**Grundteig**
Butter und Weizenmehl
für die Form
200 g weiche Butter
200 g Zucker
1 TL Bourbonvanillezucker
4 Eier
125 g Weizenmehl
125 g Speisestärke
1 gestrichener TL Backpulver
Abrieb und Saft von
1 unbehandelten Zitrone

**Glasur**
200 g Puderzucker
Saft von 2 Zitronen
evtl. 1 EL Wasser

1. Den Backofen auf 180 °C Ober- und Unterhitze vorheizen. Backform mit Butter einfetten und mit Mehl bestäuben, überschüssiges Mehl abklopfen. Alle Zutaten vorbereiten und abwiegen.

2. Butter, Zucker und Vanillezucker in der Rührschüssel einer Küchenmaschine oder mit einem Handrührgerät mit Rührbesen schaumig schlagen. Eier nach und nach mit dem Zitronensaft unterrühren.

3. Mehl, Speisestärke, Backpulver und Zitronenabrieb mischen, zugeben und zu einem glatten Teig verarbeiten. Den Teig mit einem Teigschaber vom Rand und Schüsselboden lösen.

4. Die Teigmasse in die vorbereitete Form füllen und im Backofen auf dem Rost im unteren Drittel ca. 40–45 Min. goldgelb backen. Nach ca. 10 Min. längs mit einem nassen Messer längs von Rand zu Rand einschneiden, so wird der Kuchen schön gleichmäßig.

5. Den Kuchen auf ein Kuchengitter stellen und etwas stehen lassen.

6. Dann stürzen, die Form vorsichtig abnehmen und den Kuchen vollständig auskühlen lassen. Die Glasur anrühren, den kalten Kuchen damit überziehen und trocknen lassen.

**Kochprofi-Tipp**
*Ob der Kuchen fertig ist, kann man mit einem Holzspieß prüfen. Dazu hineinstechen, wenn kein Teig mehr daran haftet, ist der Kuchen fertig. Ansonsten noch einige Min. weiterbacken und nochmals eine Garprobe machen.*

# Noch mehr Kuchen!

## Marmorkuchen

Den **Grundteig** ohne Zitronenabrieb und -saft zubereiten. Den Teig halbieren und eine Hälfte mit **30 g Kakaopulver** und **4 EL Milch** verrühren. Zuerst den hellen, dann den dunklen Teig in die Form füllen und eine Gabel spiralförmig durchziehen, damit die Marmorierung entsteht. Wie beschrieben backen.

## Rotweinkuchen

Den **Grundteig** ohne Zitronenabrieb und -saft zubereiten. Stattdessen **30 g Kakaopulver, 150 ml Rotwein** und **100 g Schokotröpfchen** unterrühren. Dann wie beschrieben backen.

## Beeren-Muffins (für 12 Stück)

Den **Grundteig** wie beschrieben zubereiten. **100 g frische oder getrocknete Beeren, z. B. Heidelbeeren, Kirschen, Cranberries usw.** unter den Teig rühren. Den Teig auf ein mit Papierbackförmchen ausgelegtes Muffinblech geben und im vorgeheizten Backofen bei 180 °C Ober- und Unterhitze auf dem Rost auf mittlerer Schiene ca. 15–20 Min. backen. Anschließend herausnehmen und abkühlen lassen.

# Halbflüssiger Schokokuchen

**Für 6 Stück**

**Butter und Zucker
für die Förmchen
100 g Zartbitterschokolade
(66 % Kakaoanteil)
100 g Butter
3 Eier
120 g Zucker
40 g Weizenmehl**

1. 6 Soufflé-Förmchen mit Butter einfetten und mit Zucker ausstreuen, den überschüssigen Zucker abklopfen. Die Zutaten entsprechend vorbereiten und abwiegen.

2. Die Schokolade und die Butter in Stücke schneiden. Beides in einer Schüssel über einem Wasserbad bei geringer Temperatur schmelzen, vom Wasserbad nehmen und etwas abkühlen lassen.

3. In der Zwischenzeit die Eier mit dem Zucker in einer zweiten Schüssel über dem Wasserbad mit einem Handrührgerät mit Rührbesen schaumig aufschlagen, bis sich das Volumen verdoppelt hat. Das Mehl sieben und mit einem Schneebesen unterheben. Die Schokoladen-Buttermasse langsam zugießen und gut vermengen.

4. Den Teig bis etwa 1 fingerbreit unter den Rand in die Soufflé-Förmchen füllen und mindestens 6 Std. im Kühlschrank ruhen lassen.

5. Den Backofen auf 200 °C Ober- und Unterhitze vorheizen. Die gekühlten Schokoküchlein ca. 12–13 Min. im Backofen backen, anschließend stürzen und sofort warm mit frischen Beeren servieren.

### Kochprofi-Tipp
*Der Schokoladenteig kann sehr gut vorbereitet und bereits in den Förmchen eingefroren werden. Die Backzeit verlängert sich dann um ungefähr 1–2 Min. Die Backofentür während des Backvorgangs die ganze Zeit geschlossen halten, sonst gehen die Schokokuchen nicht auf!*

# Soufflé on top!

## Schmandsoufflé

4 Soufflé-Förmchen mit **Butter** einfetten. **3 Eier** trennen. 3 Eigelbe mit **200 g Schmand, 1 TL Speisestärke** und **50 g Zucker** verrühren. 2 Eiweiße mit **50 g Zucker** und **1 Prise Salz** steif schlagen. Den Eischnee unter die Sahnemasse heben und in die Förmchen füllen. Diese in eine mit ca. 3 cm heißem Wasser gefüllte Auflaufform stellen und im vorgeheizten Backofen bei 200 °C Ober- und Unterhitze ca. 15 Min. backen. Wird das Soufflé oben zu schnell braun, einfach mit einem Bogen Backpapier abdecken. Mit frischem Obst oder Kompott servieren.

# Mousse au chocolat

**Für 6 Portionen**

**200 g Zartbitterschokolade
(66 % Kakaoanteil)
5 Eier
150 g Zucker
Salz
150 ml Sahne**

1. Die Zutaten entsprechend vorbereiten und abwiegen.

2. Die Schokolade grob hacken. In einer Schüssel über einem heißen Wasserbad schmelzen, herausnehmen und etwas auskühlen lassen.

3. Die Eier trennen. Das Eiweiß mit einem Handrührgerät steif schlagen, dabei 100 g Zucker sowie 1 Prise Salz langsam einrieseln lassen. Ebenso die Sahne steif schlagen, dabei nicht zu lange schlagen, sonst fällt sie wieder zusammen.

4. Eigelbe mit 50 g Zucker und 2 EL heißem Wasser in einer Schüssel über dem Wasserbad schaumig schlagen, bis der Zucker vollständig aufgelöst ist.

5. Vom Wasserbad nehmen und nach und nach mit der flüssigen Schokolade zu einer glatten Creme verrühren. Achtung: Die Schokolade darf nicht zu heiß sein, da das Eigelb sonst gerinnt! Zunächst den Eischnee, dann die geschlagene Sahne vorsichtig unterheben.

6. Die Schokomousse in 6 Förmchen oder in eine große Schüssel umfüllen und ca. 6 Std. kalt stellen. Ein Dessert, das bei Festen immer gut ankommt, es lohnt sich also, eine größere Menge zuzubereiten!

### Kochprofi-Tipp

*Aufpeppen kann man die Mousse noch mit 1 Schuss Rum, Orangen- oder Mandellikör. Auch 1 Prise Chilipulver macht sich gut. Derjenige, der es pikanter mag, nimmt gleich Chili-Zartbitterschokolade.*

## Vollmilch-Schokoladenmousse

Die Menge an Zartbitter- durch **Vollmilchschokolade** ersetzen, insgesamt im Rezept nur **75 g Zucker** verwenden. Da der Fett- und Kakaogehalt niedriger ist als bei der Zartbitterschokolade, benötigt man ein Hilfsmittel, damit die Mousse auch schön fest wird. Deshalb zuzüglich **3 Blatt Gelatine** ca. 10 Min. in kaltem Wasser einweichen, gut ausdrücken und mit den Eigelben über dem Wasserbad unter Rühren auflösen. Wie im Rezept beschrieben weiter vorgehen.

## Weiße Schokomousse

Die Menge Zartbitterschokolade durch **weiße Schokolade** ersetzen, insgesamt im Rezept nur **50 g Zucker** verwenden, damit die Mousse nicht zu süß wird. Außerdem **4 Blatt Gelatine** ca. 10 Min. in kaltem Wasser einweichen, gut ausdrücken und mit den Eigelben über dem Wasserbad unter Rühren auflösen. Wie im Rezept beschrieben weiter vorgehen.

# Panna cotta

**Für 4 Portionen**

**1 Vanilleschote**
**4 Blatt Gelatine**
**400 ml Sahne**
**2 EL Zucker**
**300 g Himbeeren**
**1 EL Puderzucker**
**1 EL Zitronensaft**
**Abrieb von ½ unbehandelten Zitrone**
**1 EL feine Schokoraspel**
**frische Himbeeren zur Deko**

1. 4 Dessertförmchen kalt ausspülen. Vanilleschote der Länge nach aufschneiden und das Mark mit einem Messer herauskratzen. Gelatine ca. 10 Min. in kaltem Wasser einweichen.

2. In einem Topf Sahne, Zucker, Vanillemark und -schote aufkochen und bei niedriger Temperatur abgedeckt ca. 5 Min. köcheln lassen. Dabei gelegentlich umrühren.

3. Die Vanillesahne durch ein feines Sieb in eine Schüssel gießen. Die Gelatine gut ausdrücken und unter Rühren in der heißen Sahne auflösen. So lange rühren, bis die Masse etwas abgekühlt und angedickt ist, damit sich das Vanillemark nicht am Förmchenboden absetzt. Anschließend in die Förmchen füllen und ca. 4–5 Std. kalt stellen.

4. Für die Fruchtsauce die verlesenen Beeren mit Puderzucker mit einem Stabmixer pürieren. Durch ein feines Sieb streichen und zum Schluss mit Zitronensaft abschmecken.

5. Zum Servieren die Förmchen kurz in heißes Wasser tauchen, die Ränder mit einem Messer vorsichtig lösen und die Panna cotta auf Dessertteller stürzen. Mit der Fruchtsauce anrichten. Mit Zitronenabrieb und Schokolade bestreuen, die frischen Himbeeren anlegen.

### Kochprofi-Tipp

*Außerhalb der Himbeersaison die Fruchtsauce einfach mit tiefgefrorenen Früchten zubereiten. Dazu die Himbeeren leicht antauen lassen und wie beschrieben mit dem Puderzucker pürieren.*

# Crème brûlée

**Für 6 Portionen**

200 ml Milch
400 ml Sahne
1 Vanilleschote
50 g Puderzucker
4 sehr frische Eigelb
6 TL brauner Zucker

1. Den Backofen auf 100 °C Ober- und Unterhitze vorheizen.

2. Die Milch und Sahne in einem Topf erwärmen. Die Vanilleschote der Länge nach aufschneiden und das Mark mit einem Messer herauskratzen. Das Vanillemark unter die Sahne-Milch-Mischung rühren. Den Puderzucker mit den Eigelben verquirlen und ebenfalls unterrühren. Achtung, die Flüssigkeit darf nicht kochen, sonst gerinnt das Eigelb! Lieber etwas abkühlen lassen!

3. Die Sahne-Mischung durch ein feines Sieb gießen und in 6 ofenfeste Förmchen füllen. Die Förmchen nebeneinander in eine Auflaufform stellen und diese zur Hälfte mit heißem Wasser füllen. Im Backofen ca. 45–50 Min. stocken lassen. Aus dem Ofen nehmen und abkühlen lassen.

4. Die abgekühlte Crème brûlée mit jeweils 1 TL Zucker bestreuen und mit einem Bunsenbrenner flambieren, bis die Zuckeroberfläche karamellisiert und schön knusprig ist. Sofort servieren!

### Kochprofi-Tipp
*Wer keinen Bunsenbrenner hat, kann die Förmchen einfach unter den auf höchster Einstellung vorgeheizten Backofengrill geben und den Zucker so karamellisieren. Aufpassen, dass der Zucker nicht zu dunkel wird!*

# Saisonkalender

| Blattsalate | Januar | Februar | März | April | Mai |
|---|---|---|---|---|---|
| Eichblattsalat | | | | | |
| Eisbergsalat | | | | | |
| Feldsalat | | | | | |
| Kopfsalat | | | | | |
| Lollo rosso/bianco | | | | | |
| Radicchio | | | | | |

| Gemüsesorten | Januar | Februar | März | April | Mai |
|---|---|---|---|---|---|
| Auberginen | | | | | |
| Blumenkohl | | | | | |
| Brokkoli | | | | | |
| Erbsen | | | | | |
| Fenchel | | | | | |
| Kartoffeln | | | | | |
| Kohlrabi | | | | | |
| Kürbis | | | | | |
| Karotten | | | | | |
| Paprika | | | | | |
| Lauch/Porree | | | | | |
| Radieschen | | | | | |
| Rosenkohl | | | | | |
| Rotkohl | | | | | |
| Salatgurken | | | | | |
| Sellerie | | | | | |
| Spargel | | | | | |
| Spinat | | | | | |
| Stangenbohnen | | | | | |
| Staudensellerie | | | | | |
| Tomaten | | | | | |
| Weiß-/Spitzkohl | | | | | |
| Wirsing | | | | | |
| Zucchini | | | | | |

| Obst | Januar | Februar | März | April | Mai |
|---|---|---|---|---|---|
| Ananas | | | | | |
| Äpfel | | | | | |
| Aprikosen | | | | | |
| Birnen | | | | | |
| Brombeeren | | | | | |
| Erdbeeren | | | | | |
| Heidelbeeren | | | | | |
| Himbeeren | | | | | |
| Johannisbeeren, rot | | | | | |
| Johannisbeeren, schwarz | | | | | |
| Kirschen, süß | | | | | |
| Kirschen, sauer | | | | | |
| Pfirsiche, Nektarinen | | | | | |
| Pflaumen | | | | | |
| Rhabarber | | | | | |
| Weintrauben | | | | | |

Haupterntezeit, Angebot überwiegend aus heimischem Freilandanbau; geringer Preis

Monate mit starkem Angebot, geringer Preis

Monate mit steigendem/fallendem Angebot    Monate mit geringem Angebot; hoher Preis

Saisonkalender · 155

# Rezeptregister

**A**ioli 33
Antipasti-Gemüse aus dem Ofen 69
Apfelkompott, schnelles 82
Apfel-Ragout, lauwarmes 133
Apfelstrudel 141
Arrabiata-Sauce 25
Asia-Beize für Fisch 129
Auberginen, gefüllte (Kochprofi-Tipp) 98
Auberginencreme 39
Ausbackteig mit Gewürzen für Fisch 125
Ausbackteig mit Kräutern für Fisch 125
Avocado-Lachs-Maki 59

**B**ackfisch 124
Beeren-Crumble 134
Beeren-Muffins 145
Bierteig für Fisch, Champignons, Wildkräuter und Obst 125
Bifteki 105
Blattsalate 54
Blitz-Kaiserschmarrn 140
Bohnencreme-Crostini 60
Bratapfel 135
Bratkartoffeln 80
Bratkartoffelsalat 80
Bulgur-Lammhack-Füllung für Gemüse 99
Burger-Brötchen (Kochprofi-Tipp) 106

**C**alzone 95
Cevapcici 105
Champignons, gefüllte (Kochprofi-Tipp) 98
Cocktailsauce 33
Cordon bleu 109
Crème brûlée 151
Currywurst-Sauce 25

**D**ips 38
Dressings für Salate 30

**E**i-Kresse-Sandwich 61
Eiscreme - Erdbeere 136
Eiscreme - Schokolade 136
Eiscreme – Vanille (Grundrezept) 136
Eisparfait - Vanille (Grundrezept) 137
Entenbrustfilets 117
Erbseneintopf (Kochprofi-Tipp) 52
Erbsen-Minz-Süppchen 50
Erdbeer-Tomaten-Kaltschale, süße 47

**F**eldsalat, klassischer 54
Fenchel-Orangen-Beize für Fisch 129
Fisch aus dem Ofen 127
Fisch im Heu 127
Fisch in der Salzkruste 127
Fischbrühe 17
Fischfilets, gebratene (Kochprofi-Tipp) 123
Flammkuchen - Der Klassiker 94
Flammkuchen - Der Rustikale 94
Flammkuchen - Der Süße 94
Flammkuchen – Grundteig 94
Fleischfüllung für Maultaschen und Pasta 77
Focaccia 41
Forelle Müllerin Art 126
French-Dressing 30
Frikadellen 104
Fruchtsorbet (Grundrezept) 136

**G**arnelen-Nigiri 59
Gazpacho 46
Geflügelbolognese 27
Geflügelbrühe 17
Gemüsebrühe 14
Gemüselasagne 97
Gemüseschnitzel 109
Gemüse-Wok 100
Geschnetzeltes Stroganoff 118
Geschnetzeltes, Züricher 118
Gnocchi 78
Graupeneintopf 53
Graupenrisotto mit Erbsen 86
Graved Lachs 128
Guacamole 39
Gulasch 110
Gulasch, Szegediner 111
Gulaschsuppe 111
Gurken-Mango-Maki 59

**H**ackbraten 105
Hamburger 106
Hefeteig, pikanter 41
Hefeteig, süßer 40
Hefezopf 40
Honig-Bier-Marinade für Geflügel 119

**I**nvoltini 113

**J**oghurt-Dressing 30

| | |
|---|---:|
| **K**artoffelgratin | 83 |
| Kartoffelpüree | 80 |
| Kartoffelsalat mit Mayo | 79 |
| Kartoffel-Speck-Dressing | 30 |
| Kartoffel-Speck-Salat, lauwarmer | 79 |
| Kartoffelstreusel für Crumbles | 134 |
| Käsekuchen | 42 |
| Knoblauchbrotfladen | 95 |
| Knoblauchbutter | 34 |
| Knuspertofu-Wok | 101 |
| Kokos-Curry-Rindfleisch | 101 |
| Konfitüre | 132 |
| Königsberger Klopse | 107 |
| Kräuterbutter | 34 |
| Kräuter-Vinaigrette (Kochprofi-Tipp) | 30 |
| Kräuter-Zitronen-Beize für Fisch | 129 |
| Krautsalat mit Speck | 66 |
| Krustenbraten | 115 |
| Kürbiscannelloni | 97 |
| Kürbiscremesuppe | 48 |
| | |
| **L**ammbrühe | 17 |
| Lammkarrees | 117 |
| Lasagne | 96 |
| Laugenknödel | 85 |
| Linseneintopf | 52 |
| | |
| **M**aki | 58 |
| Mangochutney | 35 |
| Marmorkuchen | 145 |
| Matjes „Hausfrauen-Style", eingelegter | 122 |
| Maultaschen | 76 |
| Mayonnaise | 32 |
| Minestrone | 15 |
| Möhren-Apfel-Salat | 66 |
| Mousse au chocolat | 148 |
| Mürbeteig, pikanter | 43 |
| Mürbeteig, süßer | 42 |
| Muschelnudelsalat mit Thunfisch und Mozzarella | 67 |
| | |
| **N**igiri | 58 |
| Nudeln mit Pesto | 37 |
| Nudelsalat | 67 |
| Nudelteig mit Ei | 74 |
| Nudelteig ohne Ei | 75 |
| Nussstreusel für Crumbles (Kochprofi-Tipp) | 134 |
| | |
| **O**melett-Nigiri | 59 |
| Orangen-Granitée | 137 |
| Orangen-Minz-Butter mit rosa Beeren | 34 |

| | |
|---|---:|
| **P**anna cotta | 150 |
| Paprikahähnchen | 119 |
| Paprikaschoten, gefüllte | 98 |
| Pastasalat mit Tomaten | 67 |
| Pellkartoffeln | 78 |
| Pesto alla genovese | 36 |
| Pesto rosso | 37 |
| Pfirsiche, gratinierte | 135 |
| Pilzcarpaccio | 57 |
| Pilz-Füllung für Maultaschen und Pasta | 76 |
| Pizza | 95 |
| Pizzateig | 41 |
| Polenta - schnittfest | 89 |
| Pommes frites, selbst gemachte | 33 |
| Puten-Rahmgeschnetzeltes | 118 |
| | |
| **Q**uark-Öl-Teig | 43 |
| | |
| **R**adicchiosalat, fruchtiger | 54 |
| Radieschenblätterpesto | 37 |
| Rahmgemüse | 21 |
| Ratatouille-Gemüse | 68 |
| Räucherfisch-Nigiri | 59 |
| Reibekuchen | 82 |
| Reis-Linsen-Feta-Füllung für Gemüse | 99 |
| Reis-Pilaw | 87 |
| Remoulade | 33 |
| Rinderbrühe | 16 |
| Rindercarpaccio | 57 |
| Rinderfond | 18 |
| Rinderrouladen | 112 |
| Rindertatar | 56 |
| Risotto | 86 |
| Risotto milanese | 86 |
| Rohkostsalate | 66 |
| Rosinenbrötchen | 40 |
| Rote Grütze | 143 |
| Rotkohlgemüse | 70 |
| Rotkrautsalat | 66 |
| Rotweinkuchen | 145 |
| Rotweinsauce | 19 |
| Rumpsteaks | 116 |
| | |
| **S**alami-Peperoni-Tramezzini | 61 |
| Salsa verde | 38 |
| Salzkartoffeln | 78 |
| Sauce béarnaise | 23 |
| Sauce Béchamel | 20 |
| Sauce Bolognese | 26 |
| Sauce hollandaise | 22 |

| | |
|---|---:|
| Sauce mit Bitterschokolade | 19 |
| Sauerbraten | 114 |
| Sauerbraten, Rheinischer (Kochprofi-Tipp) | 114 |
| Schmandsoufflé | 147 |
| Schnippelbohnensuppe | 51 |
| Schokobrötchen | 40 |
| Schokokuchen, halbflüssiger | 146 |
| Schokomousse, weiße | 148 |
| Schweinefleisch süß-sauer | 101 |
| Semmelknödel | 84 |
| Serviettenknödel | 85 |
| Sommersalat, bunter | 54 |
| Spätzleteig | 75 |
| Spinat-Ricotta-Füllung für Maultaschen und Pasta | 77 |
| Spinat-Tarte | 63 |
| Spitzkraut | 71 |
| Sushi | 58 |

## T
| | |
|---|---:|
| Tabouleh | 88 |
| Tafelspitzbrühe | 17 |
| Tempura für Garnelen, Fisch und Gemüse | 125 |
| Tomaten-Bruschetta | 60 |
| Tomaten-Melonensuppe mit Mozzarella | 47 |
| Tomatensauce | 24 |
| Tomatensauce, schnelle | 25 |
| Tramezzini mit Parmaschinken | 61 |

## V
| | |
|---|---:|
| Vanillesauce | 142 |
| Veggie-Pilzbolo | 27 |
| Vinaigrette | 30 |
| Vitello tonnato | 57 |
| Vollmilch-Schokoladenmousse | 148 |

## W
| | |
|---|---:|
| Weinteig Fisch, Champignons, Wildkräuter und Obst | 125 |
| Wiener Schnitzel | 108 |
| Wildbolognese | 27 |
| Wildbrühe | 17 |
| Wildkräutersalat | 54 |
| Wurstsalat | 55 |
| Würzbutter für Fleisch und Fisch | 34 |

## Z
| | |
|---|---:|
| Zander-Saltimbocca | 123 |
| Zaziki | 38 |
| Zitronenbutter, crunchy | 34 |
| Zitronen-Knoblauch-Marinade für Geflügel | 119 |
| Zitronenkuchen | 144 |
| Zucchini, gefüllte (Kochprofi-Tipp) | 98 |
| Zwetschgen-Crumble | 134 |
| Zwetschgen-Kompott | 133 |
| Zwiebelkuchen | 62 |

## Infoseiten
| | |
|---|---:|
| Fisch | 120 |
| Fleisch & Geflügel | 102 |
| Garmethoden | 90 |
| Gemüse | 72 |
| Kräuter & Gewürze | 28 |
| Küchenutensilien | 10 |
| Obst | 138 |
| Saisonkalender | 154 |

# Danke

RTL II – dem besten Sender!
Janus TV GmbH – für die genialen Produktionen!
Unseren Mitarbeitern in Restaurant und Kochschule – die uns immer den Rücken freihalten!
Unseren Managements – für die sensationelle Betreuung!
Unseren Frauen & Familien – die uns bestärken, in dem was wir tun!

# Restaurants & Kochschulen

## Frank Oehler

**SPEISEMEISTEREI**
Schloss Hohenheim
70599 Stuttgart
www.speisemeisterei.de

## Ole Plogstedt

**Restaurant OLSEN**
Bellealliancestr. 45
20259 Hamburg – Eimsbüttel
www.restaurant-olsen.de

## Andreas Schweiger

**SCHWEIGER2 Restaurant Showroom & Kochschule**
Lilienstraße 6
81669 München
www.schweiger2.de

## Mike Süsser

**Kochschule & Events**
Studio by Feichtinger
Mühldorf 10
A-4644 Scharnstein
www.mike-suesser.com

# Unsere Kochschule
## Das 1 × 1 des Kochens

**Impressum**

© 2013 RTL II
Lizenz durch RTL2 Fernsehen GmbH & Co. KG

Herausgeber
Ralf Frenzel

© 2013
Tre Torri Verlag GmbH, Wiesbaden
www.tretorri.de

Idee, Konzeption und Umsetzung:
Tre Torri Verlag GmbH, Wiesbaden

Gestaltung: Gaby Bittner, Wiesbaden
People-Fotografie: Johannes Grau, Hamburg
Food-Fotografie: Peter Schulte, Hamburg & Daniel Roos, Reil

Reproduktion: Lorenz & Zeller, Inning a. A.

ISBN 978-3-941641-87-7

Printed in Slovakia

**Haftungsausschluss**
Die Inhalte dieses Buchs wurden von Herausgeber und Verlag sorgfältig erwogen und geprüft. Dennoch kann eine Garantie nicht übernommen werden. Die Haftung des Herausgebers bzw. des Verlags für Personen-, Sach- und Vermögensschäden ist ausgeschlossen.